高职院校“双高计划”建设教材
高等职业教育“十四五”规划教材

领航青春　绽放梦想

——实践教学手册

王淑桢　赵颖慧◎主　编
王迎迎　王　杉　蔺彩娜◎副主编

中国铁道出版社有限公司
CHINA RAILWAY PUBLISHING HOUSE CO., LTD.

内 容 简 介

本书以高校思政类必修课程及相关课程的教学要求为依据，针对实践教学需要，设计相关实践活动，是思政实践性教材。全书以课程为单位，划分为五篇，每篇包含课程所属实践活动，每项实践活动下设“实践目的、理论依据、实践形式、实践要求”四个部分，通过清晰的目标设定和活动细则让学生把握活动的主旨和操作流程，利用参考资源让学生迅速把握活动要义，提供表单设计给学生带来使用便利，让教师教学更加具体和具有互动性。

本书适合作为高职院校各专业学生思政课程的实践活动教材，也适合从事思政教育的高职院校教师作为参考书使用。

图书在版编目（CIP）数据

领航青春　绽放梦想：实践教学手册 / 王淑桢，赵颖慧主编. — 北京：中国铁道出版社有限公司，2021.9（2023.8重印）
高等职业教育“十四五”规划教材
ISBN 978-7-113-28357-5

Ⅰ. ①领… Ⅱ. ①王… ②赵… Ⅲ. ①思想政治教育-高等职业教育-教材 Ⅳ. ①G711

中国版本图书馆CIP数据核字（2021）第180260号

书　　名：领航青春　绽放梦想——实践教学手册
作　　者：王淑桢　赵颖慧

策　　划：潘星泉　　编辑部电话：（010）51873090
责任编辑：潘星泉
封面设计：刘　颖
责任校对：孙　玫
责任印制：樊启鹏

出版发行：中国铁道出版社有限公司（100054，北京市西城区右安门西街8号）
网　　址：http://www.tdpress.com
印　　刷：中煤（北京）印务有限公司
版　　次：2021年 9月第1版　2023年 8月第3次印刷
开　　本：787 mm×1 092 mm 1/16　印张：19　字数：473千
书　　号：ISBN 978-7-113-28357-5
定　　价：59.00元

序

黑龙江农业工程职业学院经历国家示范性高职学院建设，2019年又被教育部、财政部列入“中国特色高水平专业群建设单位”，深知职业教育改革已经步入深水区。校企合作、产教融合是职业教育的精髓，教师、教材、教法改革（三教改革）是推进、承载和展现高职教育精髓的重要载体，其中教材改革是基础，是改革最重要的支撑，能够助推高职教育培养出行业企业需要的高素质技能型人才。

本套教材作为黑龙江农业工程职业学院“中国特色高水平专业群”的主要成果，旨在尝试体现产教融合、课程思政、创新创意和提升人才培养质量。本套教材将从以下7个角度展现职教特色和教材特色。

1．课程类型覆盖面广。本套教材将涵盖专业基础课、专业群平台课、专业课、专业核心课和专业拓展课，形成课程类型全覆盖，有效保障科学性、示范性和推广价值。

2．教材展现形态丰富。创新教材形态，秉承科学严谨、深入浅出、图文并茂、形式多样的特色，开发活页式、工作手册式、立体式融媒体教材，满足不断变化的高职学情，为教师与学生提供有效、有用、有趣的教材。

3．教材内容紧跟行业需求。教材开发吸纳行业精英参与，把行业发展的新知识、新技术、新工艺、新方法提炼加工成知识点、技能点和能力点，并融入教材中，提升教材的时代性和先进性。校企合作共同开发是本套教材的一个宗旨，本套教材将引入国家已经公布的1+X证书的内容，把证书考核内容和标准融入教材，提高学生的职场能力和就业竞争力。

4．将思政要素融入教材的知识点和技能点。思政教育是高职教育当下乃至未来一段时间内的重点。如果思政教育停留在说教上，那会事倍功半。只有根据教材所展现的知识点和技能点提炼和升华思政点，总结确认思政要素，将各类思政资源润物细无声地融入教材和教学中，才能达到课程思政的目标，才能培养出高素质技能型人才。

5．本套教材重点为满足“线上+线下的混合式教学模式”和“纯线下教学模式”的使用需求。教师根据学情分析确定教学目标和教学计划后，根据教学场景和学生接受知识的程度选择“线上”“线上+线下”等多样化的教学组织，以期达到最好的教学效果。

6. 配套资源丰富。教材配有丰富的试题库，为无纸化考核和过程考核提供支持。教材案例形式丰富，既有纯文本的案例资源，也配套二维码，以引入形式多样的多媒体资源，提升教材的易学性，规避传统教材以文字为主的知识性描述，激发学生学习兴趣。

7. 教材的整体设计体现“以学生为中心、以行动为导向”的原则。教材内容组织形式丰富，满足教育改革的需求，根据知识、能力和岗位的需求，采用项目式、任务式、工作流程式等符合高职学生认知规律和学情的教材形式，旨在提升教学质量。

高等职业教育不再是普通高等教育的补充，而是具有独立特色和性质的教育，在国家经济发展中有着不可替代的作用。高等职业教育的教材同样应该具有独立特色和组织形式，本套教材从多个专业、多个岗位视角出发，尝试从内容、展现形式、体例、知识载体上形成具有职教特色的范例，希望能为其他教材开发者提供经验，助推高职学校培养出更多高素质技能型人才。

黑龙江农业工程职业学院

2021年2月22日

前言

“纸上得来终觉浅，绝知此事要躬行。”教育能否内化为大学生的素质与能力，关键在于有没有恰当的教育方法。学生良好的品德、素养和价值观的形成，最终只有在实践活动中才能得以实现，达到“知”与“行”的统一。在公共基础课和通识课中融入实践教学环节是学生自我发展、自我完善的需要，所以开展符合学生生活实际、形式丰富多样的实践活动，会对学生的全面发展产生重要的影响。通过丰富多彩的实践教学活动，使学生实现从理论到实践再到理论的飞跃，增强认识问题、分析问题、解决问题的能力，并为认识社会、了解社会、步入社会、最终服务社会打下良好的基础。

本书是编者凝练多年实践教学总结的经验和成果，并按照理论教学的需要，精心设计活动形式，合理安排内容。本书囊括了“思想道德与法治”“毛泽东思想和中国特色社会主义理论体系概论”“大学生职业规划与就业指导”“中国优秀传统文化”“实用礼仪”五门课的课堂实践教学。在本书的编写过程中，我们坚持以人为本的教育理念，以大学生人生发展为主线，以指导大学生成长、成才和帮助大学生解决实际问题为出发点，对大学生进行爱国主义教育、理想信念教育、社会主义核心价值观教育、法治教育、就业与创业教育、传统文化教育、礼仪修养教育等。本书既可为授课教师提供实践教学的思路和方案，统一实践教学规划，又可为学生完成实践教学任务进行一站式指导。

作为一本实践教学手册，本书独具特色。首先，内容丰富，广泛适用于各类公共基础课和通识核心课的实践教学环节；其次，其专门应用于课堂实践的教学部分，是理论教学必备的辅助资料；再次，活动设计紧扣教学内容，与课程教材完美对接，便于大范围推广；最后，活动要求与作业表单一体设计，同时插入参考资料供学生学习，方便学生使用。

本书（除第三篇外）每个实践活动都分为实践目的、理论依据、实践形式、实践要求、实践流程、成果展示、活动评价、自我反思八个部分，组成了一套完整的实践教学流程。“实践目的”点明实践目标，使学习有的放矢；“理论依据”指明对应教材的理论章节；“实践形式”明确实践活动以何种方式进行；“实践要求”详细说明实践活动细节；“实践流程”以思维导图的方式展现实践活动的参与过程；“成果展示”留存实践活动成果；“活动评价”细化评分细则；“自我反思”总结经验教训，整改不足之处。每个单元后面，还设置了“拓展资料”，用来推荐丰富的文章、书目、影视作品，以帮助学生更好地开展实践活动。

本书由王淑桢和赵颖慧担任主编，王淑桢负责教材总体设计，赵颖慧负责全书统稿。具体编写情况如下：第一篇绪论部分由杨萱编写，第一单元由程敏颖编写，第二单元由赵颖慧编写，第三单元由刘海丰编写，第四单元由东杰夫编写，第五单元由王迎迎编写，第六单元由周静、赵颖慧、刘海丰、程敏颖共同编写；第二篇第一单元由王杉和王淑桢共同编写，第二单元由蔺彩娜、刘晓博共同编写，第三单元由蔺彩娜、周海波、石明忱共同编写；第三篇第一单元由张小川编写，第二单元由魏淑红编写，第三单元由王浩月编写；第四篇第一单元由权宏编写，第二单元由商丽编写；第五篇第一单元由樊馨屿编写，第二单元由李可编写，第三单元由樊馨屿和李可共同编写。

在本书的编写过程中，编者参考了大量学者、专家编写的相关文献资料，查阅了大量的期刊和报纸的有关内容，在此一并表示诚挚的感谢。尽管我们力求完美，但书中难免有疏漏或不妥之处，敬请广大读者提出宝贵意见，以使本书得到不断完善与提高。

编　者

2021 年 6 月

目 录

第一篇

思想道德与法治

绪　论

青年是一个美好的而又是一去不可再得的时期，是将来一切光明和幸福的开端。

——加里宁

我们的青年是一种正在不断成长，不断上升的力量，他们的使命，是根据历史的逻辑来创造新的生活方式和生活条件。

——高尔基

生命，如果跟时代的崇高的责任联系在一起，你就会感到它永垂不朽。

——车尔尼雪夫斯基

项目一　大学初印象

实践目的

经历了六月高考的磨砺，带着期盼和新奇，踏入了大学校园，莘莘学子将在这里迈开他们未来精彩人生的第一步。同学们通过交流对大学的感受，回顾成长和求学的经历，相互借鉴生活经验，从而更好地明确努力的方向，开始全新的生活。

理论依据

绪论　担当复兴大任　成就时代新人

实践形式

畅谈。

实践要求

1. 畅谈时间：3~5分钟。
2. 形式要求：自由畅谈。
3. 语言表达生动、流畅、有条理。
4. 内容提示：结合自身实际，围绕大学生活这一中心话题展开，具体包括以下三部分：

（1）曾经的“我”是怎样的。“我”为什么要上大学。

（2）“我”心目中的大学是怎样的。遇到了哪些印象深刻的事情。

（3）“我”打算如何度过三年大学生活。

实践流程

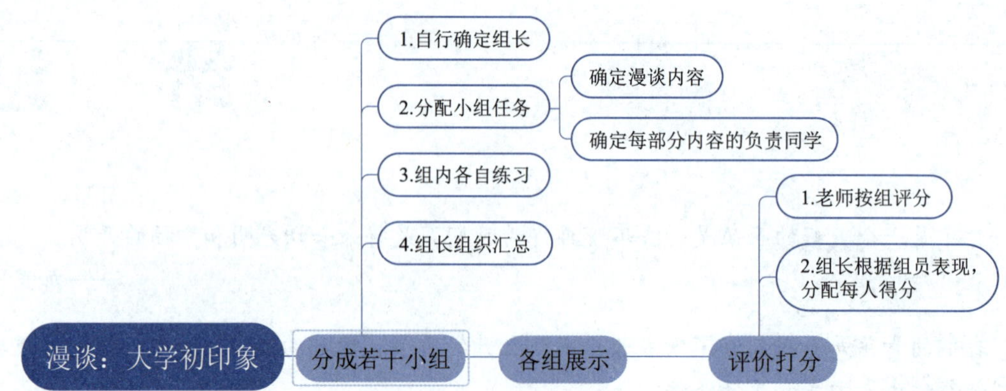

1.自行确定组长
2.分配小组任务
确定漫谈内容
确定每部分内容的负责同学
3.组内各自练习
4.组长组织汇总
1.老师按组评分
2.组长根据组员表现，分配每人得分
漫谈：大学初印象
分成若干小组
各组展示
评价打分

成果展示

亲爱的同学们，大学是人生的一个重要阶段，它像一个梦工厂，描绘着你的未来，编织着你的梦想，蕴藏着无限的契机和可能。初入校门的你们，内心有着怎样的感触？快把你对大学的憧憬和设想记录下来。

漫谈	大学初印象		
姓名		班级学号	
大学初印象			

活动评价

评比内容	分值	具体要求	得分		
			教师评价	学生互评	合计分数
主题内容	55分	主题鲜明，观点正确，思想性强。 格调积极，语言流畅，富有真情实感。 富有启发性，有感染力，号召力。 形式丰富，创新性强，辅助效果明显			
表达艺术	20分	吐字清晰，声音洪亮，语速适当，表达流畅。 形体语言自然得当，能准确地配合主题内容			
演说气质	20分	仪表端庄，举止得体，感情充沛，体现朝气蓬勃的精神风貌			
时间掌控	5分	漫谈时间控制在3~5分钟			
总分	100分				

自我反思

在活动参与过程中，你有什么收获和体会呢？还有什么不足之处需要整改？把你的想法记录下来吧。

项目二　我与大学初相遇

实践目的

通过最简洁的活动形式，帮助大学新生们对自己的生活进行梳理，重新确立人生目标。提出心愿，拥抱梦想，站在新的起点开启新的征程，书写自己灿烂的人生。

理论依据

绪论　担当复兴大任　成就时代新人

实践形式

感悟随笔。

实践要求

记录自己初入大学时的一份心情，或者是一点小感悟，或者是一个新观点、新发现……写下愿望，送给三年后的自己。

实践流程

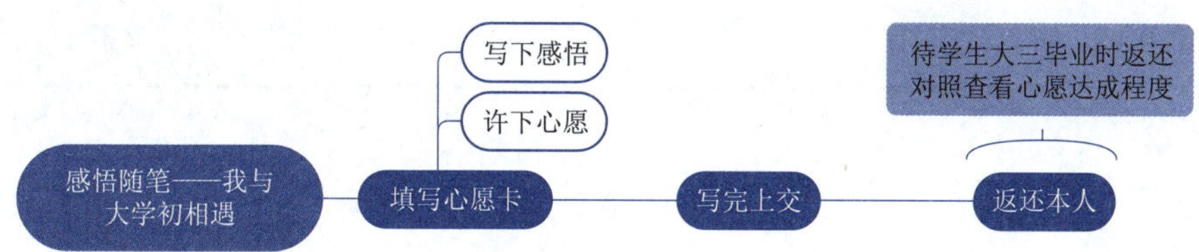

成果展示

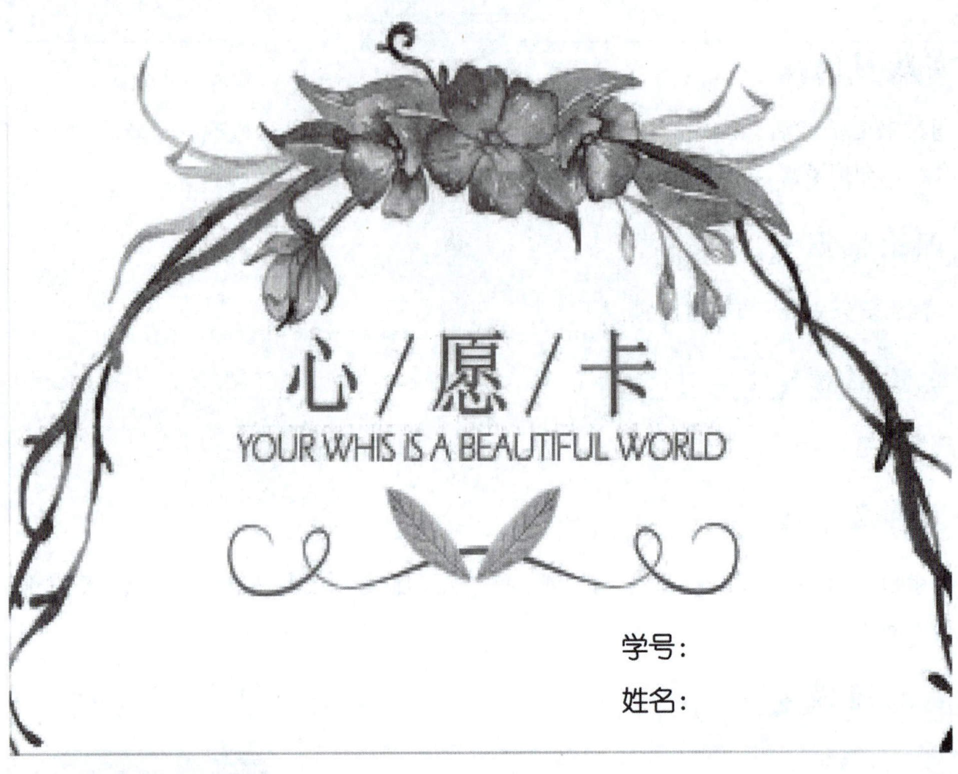

自我反思

在活动参与过程中，你有什么收获和体会呢？还有什么不足之处需要整改？把你的想法记录下来吧。

拓展资料

推荐阅读：

[1] 吴军．见识[M]．北京：中信出版社，2018．

[2] 傅莹．看世界2：百年变局下的挑战和抉择[M]．北京：中信出版社，2021．

[3] 武志红．你就是答案：活出独一无二的自己[M]．北京：北京联合出版公司，2016．

精品资料：

1．视频：《奔跑的青春》。

2．视频：《燃烈青春——“90后”“00后”的青春》。

3．视频：《新时代　新青年——我的青春我的歌》。

第一单元

领悟人生真谛　把握人生方向

人生下来不是为了抱着锁链，而是为了展开双翼。

——雨果

古称国之宝，谷米与贤才。

——白居易

珠玉无胫而自至者，以人好之也，况贤者之有足乎。

——孔融

项目一　读经典　悟真谛——推荐一本优秀图书

实践目的

世间有无数种浪费的情形，最大的浪费莫过于头脑处于“冬眠”状态，发达的思维“停止运动”。人体内蕴藏着思想、情感、活力等种种“财富”，如果不能开动大脑，也就无法获得“财富”，无法解决问题。我们举办“推荐一本优秀图书”的实践活动，在书籍中体味人生，让书籍为学生开启一扇心灵之窗，帮助学生们树立正确的人生观、价值观，为精神打底，为人生奠基。丰富校园文化，建设学习型校园，有计划、有目的、有指导性地读书，让学生亲近书籍，与好书为友，开阔视野，陶冶情操，提高修养，体验生命活力，提高生命境界。

理论依据

第一章　第一节　人生观是对人生的总看法

实践形式

读书分享会。

实践要求

1．讲解时间：3～5分钟，上台讲解次序由抽签决定，选手着装要整齐。
2．形式要求：脱稿讲述，可以结合PPT、图片、视频等展示读书笔记。
3．语言表达准确、流畅、自然，符合演讲的语言习惯和特点。

4．内容提示：结合本节课所学内容，围绕人生这一中心话题展开，具体可包括以下几部分：

（1）说出要推荐的书名及作者基本情况，简要介绍作者创作此书的时代背景，说明此书的影响力。

（2）概括此书的基本内容，说明该书反映的思想和情感，比如，反映了……情感，表达了……思想，抒发了……情绪，包含了……情怀，等等，侧重于此书给你的人生启迪。

（3）谈谈读此书让你获得了什么样的认识，它好在哪里，对你的人生方向或者人生观的树立起到了什么样的帮助。再推广到他人，比如许多人读了此书，有些什么感受，悟出了哪些人生真谛。

实践流程

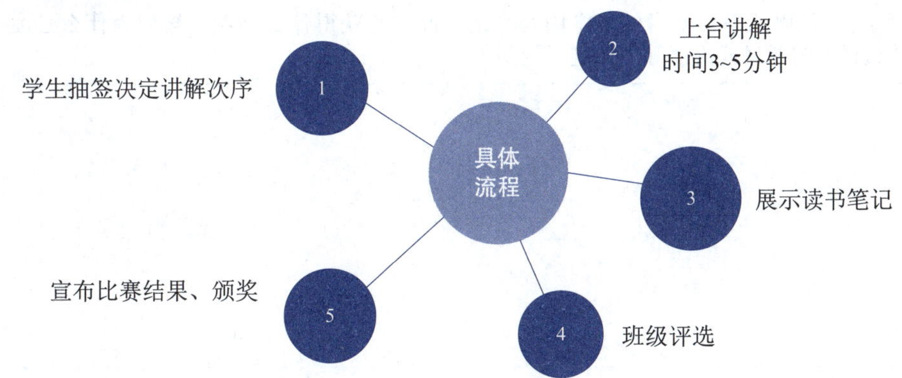

【小贴士】

活动技巧

1. 立足图书本身进行讲解。

2. 要找足资料，比如某某曾说过关于此书的话，可以用来“打广告”。

3. 此书如果获了奖，被列为必读书目，或者人气很高，读书笔记设计新颖，都可以讲出来，增加本书的吸引力。

4. 学习指导：好记性不如烂笔头。在读书时，写读书笔记是训练阅读的好方法。那么读书笔记该如何写呢？

第一种是摘抄式读书笔记，摘抄书中的名言警句或者有深意的语句。

第二种是评注式读书笔记，评注式读书笔记和摘抄式读书笔记相似的地方是摘抄，但是评注式读书笔记要加上自己对摘抄文章的看法或者做简要概括。

第三种是心得式读书笔记，即常说的读后感，是在读书或读文章后，写出自己对所读书或文章的认识、感想、体会和启发。

读书笔记既是消化书本知识的有效手段，又可以积累有用的材料，训练思维的逻辑性和条理性，提高分析问题和解决问题的能力。

成果展示

实践项目		读经典　悟真谛——推荐一本优秀图书			
书目名称					
姓名		班级		学号	

讲　稿

推荐理由：（可以从书目本身的基本内容介绍、此书曾获得什么奖项、被列为什么必读书目、产生什么样的的意义或价值等方面进行说明）

经典语句摘抄：

读书体会：

活动评价

评比内容	分值	具体要求	得分			
			教师评价	小组评价	学生评价	合计
讲解内容 语言表达	40分	读书笔记形式新颖，内容结构合理，层次分明，语言表达精练流畅，能够恰当融入主题结构，语言自然流畅，富有真情实感。声音洪亮，口齿清晰，普通话标准，语速适当，表达流畅，激情昂扬				
讲解技巧	30分	正确把握讲解内容，声情并茂，富有韵味和感染力，可以运用PPT、视频、图片等进行配合，丰富讲解内容				
形象表现	20分	要求妆容优雅，衣着整洁、得体，举止自然大方，能够体现当代青年人朝气蓬勃的精神状态，时间控制在3～5分钟				
现场效果	10分	现场感染力强，观众反应热烈。由评委根据演讲选手的临场表现作出综合演讲素质的评价				
总分	100分					

自我反思

玉不琢，不成器；人不学，不知义。为什么学后必思？因为思考后才能真正理解。在本次活动参与过程中，谈谈你的收获和体会吧。

项目二　学模范　树丰碑——介绍一个典型人物

实践目的

时代的进步，社会的发展，需要榜样人物的力量来推动。崇尚道德模范，弘扬良好道德风尚，是一个社会健康向上的标志，也是一个社会文明进步的动力。寻找、宣传我们身边看得见、摸得着、学得到的模范、榜样，能引导学生从我做起、从现在做起、从身边小事做起，树立正确的人生观。本次活动以寻找榜样、宣传榜样、学习榜样、试做榜样为出发点，以亲身体验为途径，发掘榜样人物的感人事迹，歌颂人间真情，抒发美好情感。通过优秀人物的事迹宣传活动，树立可敬、可信、可学的榜样。通过鲜活的人物和感人的事迹，鼓舞、引导学生们见贤思齐、无私奉献，树立正确的世界观、人生观、价值观。

理论依据

第一章　第二节　正确的人生观

实践形式

模范人物事迹宣讲。

在班级内开展道德模范先进事迹演讲活动，以坚持社会主义核心价值体系为依据，用道德模范的先进事迹感召全体学生，在同学们中间形成知荣辱、树正气、促和谐的良好道德风尚。

实践要求

1. 宣讲时间：每名选手3～5分钟。

2. 形式要求：脱稿宣讲，对模范人物进行广泛宣传，可以结合宣传板、横幅、照片等进行宣讲。

3. 广泛宣传发动，营造浓厚氛围。利用班会、简报、宣传栏等载体，在同学们中间积极宣传、学习模范人物，营造良好的舆论氛围，使模范人物人人皆知。

4. 同学们要通过课堂学习、个人自学等多种形式，认真学习模范人物的先进事迹。在学习过程中，要做好读书笔记，写出心得体会，并对照社会主义荣辱观要求，联系自身思想切实改造主观世界，树立正确的人生观。

5. 内容提示：

（1）在宣讲时要坚持模范人物与同学们自身相结合，重在教育提升。

（2）坚持教育与实践活动相结合，重在深入人心。

（3）学习模范人物，就要学习他们为人民服务不分大小、不计回报、不述苦说累，学习他们细处为群众着想、大处敢于担当、难处甘于奉献，学习他们一心为民，终身为民。

实践流程

【小贴士】

宣讲活动技巧

1. 学习先进模范人物。用自身对比先进模范人物，可以很容易地将自己的不足和缺陷暴露出来，也是最容易的查找自身问题的办法。

2. 宣讲活动要注重实效，并围绕树立正确人生观这一主题，内容要通俗易懂，防止空洞说教，流于形式。

3. 宣讲成员要认真准备，做好宣讲材料的筛选。

4. 宣讲时，要以真情实感打动听众。

成果展示

同学们要抓住先进典型的精神实质和闪光点，深入挖掘动人故事和感人细节，用不少于800字的文字把先进人物事迹写实、写透，用平实语言阐释深刻道理，用鲜活事例揭示事物本质。

<table>
<tr><td colspan="2">实践项目</td><td colspan="4">学模范　树丰碑——介绍一个典型人物</td></tr>
<tr><td colspan="2">题　　目</td><td colspan="4"></td></tr>
<tr><td>姓名</td><td></td><td>班级</td><td></td><td>学号</td><td></td></tr>
<tr><td colspan="6">讲　　稿</td></tr>
</table>

活动评价

评比内容	分值	具体要求	得分			
			教师评价	小组评价	学生评价	合计
宣讲内容	40分	主题鲜明深刻，联系实际，材料典型有力				
语言表达	30分	声音洪亮清楚，语调和语速与演讲内容有机配合，声音与情感有机结合				
演讲气质	20分	表情自然并与内容有机结合，声情并茂，感染力强，动作与手势恰到好处				
仪表仪态	10分	仪表端庄，服装整洁大方，讲究礼仪，演讲时间控制在3～5分钟				
总分	100分					

自我反思

不是一番彻骨寒，怎得梅花扑鼻香。在这些先进模范人物身上，同学们都学到了哪些品质呢？

项目三　讲经历　说感悟——分享一段人生感悟

实践目的

人的一生是短暂的，不要轻易浪费。怎样的人生才是完美的？或者说是无悔的？同学们通过演讲的形式，来讲述自己的人生经历、生活感悟，来检查自己的人生目标，并思考怎样才能创造有意义的人生？

理论依据

第一章　第三节　创造有意义的人生

实践形式

演讲，可以结合图片、PPT、视频。

实践要求

1. 演讲时间：3 ~ 5分钟。
2. 形式要求：用普通话脱稿演讲。
3. 语言生动、流畅，有条理。
4. 内容紧扣主题，价值观正确，客观评价，不偏激。
5. 内容提示：同学们从出生开始，一路走来，有艰辛，有不易，有风，有雨，有坎坷。在平时的生活中，你有对自己的人生之路进行总结吗？你有遭遇过人生的成功与失败吗？你有对身边曾经帮助过自己的朋友、同学、家人说一声“谢谢”吗？

实践流程

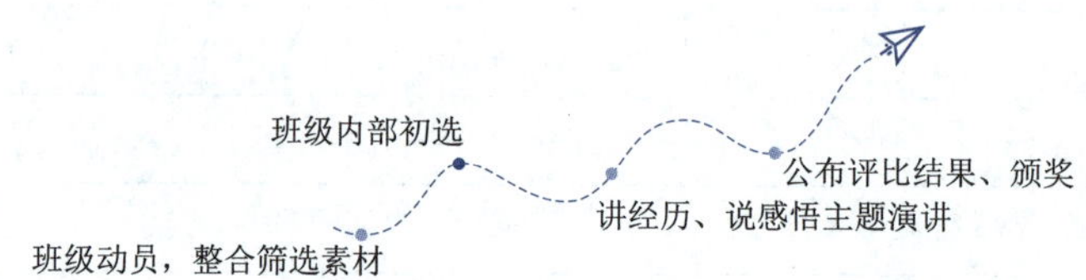

【小贴士】

演讲技巧

1. 讲经历说感悟不是背诵，不是念发言稿，不是作报告，是一种分享、一种交流，讲述时感情要真挚朴实，态度要自然得体。

2. 讲述的内容是自己的真实经历，要充实、新颖，事例动人，贴近生活，富有鲜明的时代感，对人生有指导作用。

3. 所述之事不分大小，但必须是最能使人感悟的东西，提倡小中见大、平中见奇。所悟之理不求深奥，但求深刻，导向要正确、正面和积极。

成果展示

"看似寻常最奇崛，成如容易却艰辛。"大学生的人生成长之路还很长，未来前进途中，有平川也有高山，有缓流也有险滩，有喜悦也有哀伤，同学们要用心去经历，去体会，请同学们用800字以上文字表达自己的人生感悟。

实践项目		讲经历　说感悟——分享一段人生感悟			
题　　目					
姓名		班级		学号	
讲　　稿					

活动评价

评比内容	分值	具体要求	得分			
			教师评价	小组评价	学生评价	合计
讲述内容	40分	主题明确、深刻；见解独到；材料真实、典型、感人，构思巧妙，引人入胜，具有较强的思想性				
语言表达	20分	语音规范，吐字清晰，表达准确、流畅、自然。语速恰当。语气、音量、节奏张弛，符合感情的起伏变化				
形体语言	20分	讲述者精神饱满，能较好地运用姿态、动作、手势、表情				
综合印象	20分	讲述时间控制在3~5分钟，要求举止自然得体，体现朝气蓬勃的精神风貌；上下场要致意、答谢				
总分	100分					

自我反思

当代大学生担当新时代赋予的历史责任，应当与历史同向、与祖国同行、与人民同在，在服务人民、奉献社会的实践中创造有意义的人生。同学们对自己的人生之路有什么规划吗？

____

____

____

____

拓展资料

推荐阅读：

[1]余秋雨．文化苦旅[M]．武汉：长江文艺出版社，2014．

[2]路遥．平凡的世界[M]．北京：北京十月文艺出版社，2017．

[3]老舍．四世同堂[M]．北京：北京联合出版公司，2019．

[4]林海音．城南旧事[M]．北京：中国文联出版社，2017．

[5]茅盾．子夜[M]．北京：北京燕山出版社，2019．

精品资料：

1．电影：《心灵捕手》。

2．电影：《可可西里》。

第二单元

追求远大理想 坚定崇高信念

每个人都有一定的理想，这种理想决定着他的努力和判断的方向。在这个意义上，我从来不把安逸和快乐看作是生活目的本身——这种伦理基础，我叫它猪栏式的理想。照亮我的道路，并且不断地给我新的勇气去愉快地正视生活的理想，是善、美和真。

——爱因斯坦

世界上最快乐的事，莫过于为理想而奋斗。

——苏格拉底

由百折不挠的信念所支持的人的意志，比那些似乎是无敌的物质力量具有更大的威力。

——爱因斯坦

不要着急，最好的总会在最不经意的时候出现，我们要做的就是：怀揣梦想去努力，静待美好的出现。

——泰戈尔

项目一 不忘初心 携梦前行

实践目的

通过演讲的形式，促使同学们追忆自己的初心，探寻个人理想。在演讲中抒发自己对于未来的畅想，以及实现理想的坚定决心，同时为实现理想找到切实可行的路径。

理论依据

第二章 第三节 在实现中国梦的实践中放飞青春梦想

实践形式

演讲。

实践要求

1. 演讲时间：3～5分钟。

2. 形式要求：脱稿演讲。

3. 语言表达准确、流畅、自然，符合演讲的语言习惯和特点。

4. 内容紧扣主题，积极向上。

5. 内容提示：结合课程所学内容，围绕理想这一中心话题展开，具体可包括以下三部分：

（1）“我”的理想是什么（侧重于职业理想方面）。

（2）“我”的理想是如何确立的，或“我”的理想存在的意义及实现的可能性。

（3）为了实现理想我将如何努力。

实践流程

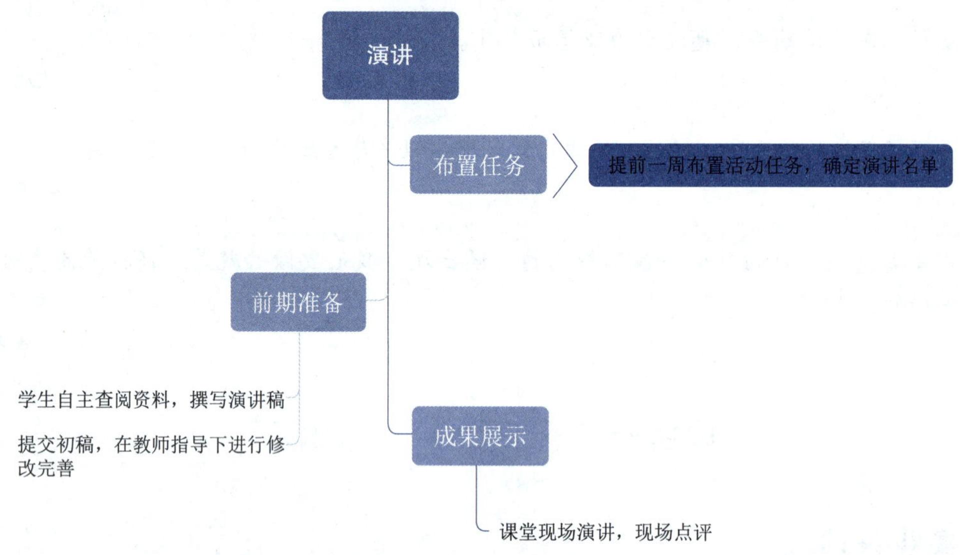

【小贴士】

大学生课堂演讲技巧

1. 撰写讲稿

紧扣演讲主题，广泛深入思考，在敲击键盘或者奋笔疾书时，虽然“眼前无人”，但一定要“心中有人”。这个“人”，一是演讲者自己，二是听众。演讲者要根据演讲的题目或范围结合演讲者自身和听众的情况，确定演讲内容。“心中有人”能够使你的演讲既具有自己的特色又具有针对性。激情洋溢才能感染听众，见解独到才能吸引听众，剖析透彻才能说服听众，人云亦云的套话、言之无物的空话、无病呻吟的假话，既感动不了自己，更无法说服听众。

根据演讲主题，确定“讲什么”和“怎么讲”。“讲什么”是要确定演讲的立意和选材，“怎么讲”是要确定演讲的语言和结构。演讲的立意应该鲜明、集中、独到、新颖；演讲的选材应该鲜活、生动、典型、恰当。演讲稿，主要是靠口头语言传达信息，因此，在撰写演讲稿时，不妨边讲边写，使演讲语言琅琅上口，适合于口头表达。

2. 熟悉讲稿

演讲不能照本宣科地读稿或者一字不差地背稿，但也不是完全脱离讲稿另起炉灶，临场发挥。熟悉讲稿，最好能背诵讲稿，这是演讲成功的重要条件。很多成功演讲者的经验之谈都是“写下讲稿，把它记在脑子里，然后把它扔了”。他们的切身体会都是“无稿不上台，上台应无稿”。在反复诵读演讲稿时，对演讲的内容、语言和结构可能会产生新的感受，这时不妨记下这些感受，用来完善讲稿。

3. 设计演讲

演讲既有“讲”，又有“演”。除了语言表达外，还应借助手势、动作、表情等手段，表达自己的思想和观点。以讲为主，以演为辅。“讲”而不“演”，就缺乏形象生动的感人力量；重“演”轻“讲”，就会喧宾夺主，冲淡演讲的内容，削弱演讲效果。推荐几个实用小技巧：

（1）用有趣的内容、特殊的形式吸引听众。

（2）展现你的激情。

（3）离开讲桌或站到讲桌前面离听众近些。

（4）要有目光交流。如果不违背演讲主题的话，尽量在和他们保持目光交流的同时适当微笑。

（5）讲讲自己的故事。

（6）自始至终保持礼貌。

（7）不要死死盯着 PPT。

（8）适当变换语调。

（9）适当利用手势。

（10）减少使用“这个”“那个”“嗯”等口头语。可以用降低演讲速度的方法减少这类词汇的出现。

成果展示

梦想账单				
人生阶段	梦想描述	现实条件	做过的努力	是否继续坚持
小学前				
小学阶段				
初中阶段				
高中阶段				
现在				

亲爱的同学们，还记得自己的初心吗？未来的方向是否已经规划好了？身为大学生的我们应该怎样怀揣初心和梦想，描绘自己的人生蓝图呢？快把你对理想和未来的打算记录下来吧。期望每一个拥有初心和梦想的你们都不要忘记自己的初心，永远活成无畏的自己。

演讲主题		不忘初心　携梦前行			
姓名		班级		学号	

演　讲　稿

活动评价

评比内容	分值	具体要求	得分		
			教师评价	学生互评	合计分数
演讲内容	55分	主题鲜明，观点正确，思想性强。 格调积极，语言流畅，富有真情实感。 论证充分，逻辑严谨，说服力强。 形式丰富，创新性强，辅助效果明显			
演讲艺术	20分	吐字清晰，声音洪亮，语速适当，表达流畅。 语气、语调、声音、节奏富于变化，轻重缓急，抑扬顿挫，切合演讲内容。 形体语言自然得当，能准确地配合演讲内容			
演讲气质	20分	仪表端庄，举止得体，感情充沛，体现朝气蓬勃的精神风貌			
时间掌控	5分	演讲时间控制在3～5分钟			
总分	100分				

自我反思

在活动参与过程中，你有什么收获和体会呢？还有什么不足之处需要整改？把你的想法记录下来吧。

项目二　我和未来有个约会

实践目的

通过情景剧或者角色扮演的形式，激发学生对未来的向往，进而展现个人理想。同时在表演中切身体会理想和现实的差距，自觉寻找通往未来的路径，确立为了美好蓝图而努力奋斗的决心。

理论依据

第二章　追求远大理想　坚定崇高信念

实践形式

表演类。

实践要求

1．表演形式：穿越情景剧；职业角色扮演。

2．剧本编写：鼓励原创，剧情完整，包含起因、发展、高潮和结局，主题突出，富有创意，给人以启迪。

3．表演效果：情节流畅，剧情曲折，富于戏剧化、感染力，能引起观众的共鸣。

4．表演时间：10分钟左右，可根据剧情需要适当调整。

5．演员应声音洪亮，言语流畅，表演真实、传神，演员配合默契，应变灵活。

6．服装、道具、背景音乐等应尽量满足表演需要，营造表演的最佳效果。

7．内容提示：通过"穿越情景剧"和"职业角色扮演"两种表演形式，帮助学生们确定努力奋斗的决心。

（1）穿越情景剧：以合理的假设、巧妙的构思，将剧情穿越到毕业二十年后，通过丰富的剧情、鲜活的表演展现二十年后的社会面貌、个人的职业定位、发展状态等，体现个人对未来的美好向往与追求。突出强调二十年间的实践过程，体现实践是成就理想必经之路的这一重要观点。剧情设计可同时融入对人生的理解与感悟，对友情、亲情的态度与希冀等，从而对同学们产生积极的启发和引导作用。

（2）职业角色扮演：按照自己的职业规划，对二十年后自己的职业角色进行大胆设想，以角色扮演的形式，通过一段简短的工作场景设计展现自己的职业理想，构建未来的美好蓝图。

实践流程

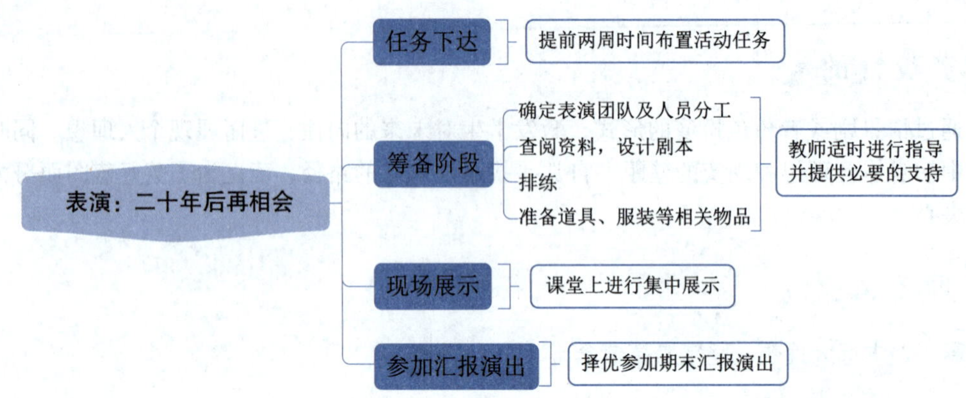

【小贴士】

角色表演八大技巧

1. 讲话要吐字清晰，声音洪亮，首先要让观众和其他角色听得清楚，否则表演将没法进行下去。

2. 语言的技巧非常关键，每一句话的起承转合、音调、语速都要用心去揣摩，摸清楚该怎样讲话才能让观众听得舒服并且符合剧情的需要。

3. 表演需要配合。从头到尾的每一分钟每一秒都必须在角色里，不能因为没有突出的戏份，就松懈了表情和肢体动作，或者去抢戏，表演缺少哪个角色都不行，相互配合才能精彩。

4. 要学会调动情绪。在上台前，要调动起紧张感，适度的紧张有助于演员对表演的投入。

5. 在发生失误，尤其是忘词时，要学会随机应变。

6. 走位要精心设计，要针对不同的舞台做不同的设计。避免出现背台、偏台等情况，从而影响观众的视觉感受。

7. 舞台表演要夸张化，但不能过火。

8. 表演要有灵性。

成果展示

<table>
<tr><td colspan="2">实践项目</td><td colspan="4">我和未来有个约会</td></tr>
<tr><td colspan="2">实践形式</td><td colspan="4">□ 穿越情景剧
□ 职业角色扮演</td></tr>
<tr><td>姓名</td><td></td><td>班级</td><td></td><td>学号</td><td></td></tr>
<tr><td colspan="6">剧　本</td></tr>
<tr><td>剧情简介</td><td colspan="5"></td></tr>
<tr><td>人物介绍及演员表</td><td colspan="5"></td></tr>
<tr><td>台词及舞台指示</td><td colspan="5"></td></tr>
</table>

活动评价

评价标准	分值	具体要求	得分		
			教师评价	学生互评	合计
剧目主题	20分	突出主题、有创意性			
语言水平	20分	发音清楚正确、语音语调自然流利			
表演技巧	20分	大方自然、表情丰富；有戏剧(夸张)效果；有一定的创造性和发挥			
舞台效果	20分	运用一定的服装、道具、背景音乐等，营造良好的舞台效果			
综合效果	20分	演员相互配合默契，观众的现场反应良好			
总分	100分				

自我反思

在活动参与过程中，你有什么收获和体会呢？还有什么不足之处需要整改？把你的想法记录下来。

拓展资料

推荐阅读：

[1]俞敏洪．梦在青春在：俞敏洪写给在路上追梦的你[M]．北京：群言出版社，2020.

[2]李开复．与未来同行[M]．北京：人民出版社，2006.

[3]梅恩．目标的力量[M]．成都：四川文艺出版社，2021.

[4]石雷鹏．永远不要停下前进的脚步[M]．北京：天地出版社，2020.

精品资料：

1．电影：《中国合伙人》。

2．校园励志微电影：《被遗忘的梦》。

第三单元

继承优良传统　弘扬中国精神

海纳百川，有容乃大；壁立千仞，无欲则刚。

——林则徐 总督府衙堂联

道之所在，虽千万人吾往矣。

——孟子《孟子·公孙丑上》

天地与我并生，而万物与我为一。

——《庄子·齐物论》

人民不仅有权爱国，而且爱国是个义务，是一种光荣。

——徐特立

我们从古以来，就有埋头苦干的人，有拼命硬干的人，有为民请命的人，有舍身求法的人，……这就是中国的脊梁。

——鲁迅

项目一　英雄赞

实践目的

通过讲述英雄故事和英雄事迹，反映中国各个时代的民族精神，激励学生弘扬以爱国主义为核心的民族精神，为实现中华民族的伟大复兴而不懈努力。

理论依据

第三章　第二节　做新时代的忠诚爱国者

实践形式

故事会——英雄赞（讲英雄故事，弘扬民族精神）。

实践要求

1. 讲述时间：3～5分钟。

2. 形式要求：脱稿讲述。

3. 语言表达清晰、流畅、自然、生动。

3. 内容主题突出，弘扬民族精神。

4. 内容提示：结合《思想道德与法治》教材第三章第二节的内容，围绕新时代如何弘扬民族精神讲述英雄故事，弘扬以爱国主义为核心的民族精神。

实践流程

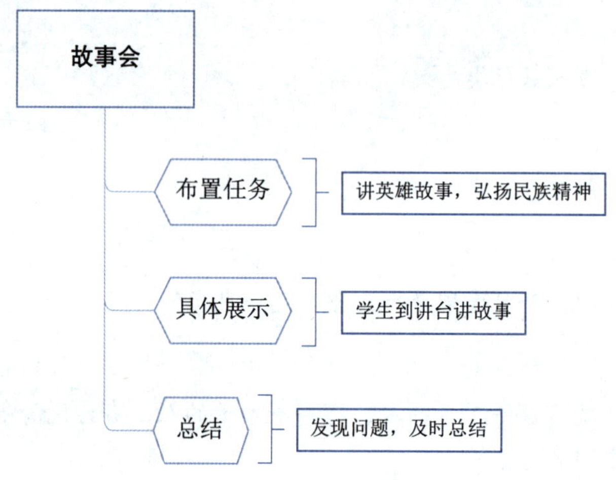

成果展示

实践项目	故事会——英雄赞		
班级		姓名	

英雄故事

活动评价

评比内容	分值	具体要求	得分			
			教师评价	小组评价	学生评价	合计
讲述内容	40分	契合主题，主题要鲜明，内容要实在，情节要完整，切忌内容空泛				
表现艺术	30分	吐字清晰，声音洪亮，语速适当，表达流畅。 语气、语调、声音、节奏富于变化，注意轻重缓急、抑扬顿挫。 表演生动，富于吸引力，感情充沛，精神饱满，配有适当的动作手势				
气质要求	25分	仪表端庄，举止得体，感情充沛，体现朝气蓬勃的精神风貌				
时间掌控	5分	讲述时间控制在3～5分钟				
总分	100分					

自我反思

在活动参与过程中，你有什么收获和体会呢？还有什么不足之处需要整改？把你的想法记录下来。

项目二　祖国颂

实践目的

加强学生的爱国主义教育与优秀民族传统教育，激发学生热爱祖国的大好河山、悠久历史与灿烂文化，感受祖国日新月异的变化。在颂咏活动中，着力引导学生时刻心系民族命运、心系国家发展，将爱国情感转化为刻苦学习、奋发图强的动力，为实现中华民族的伟大复兴不懈奋斗。

理论依据

第三章　第二节　做新时代的忠诚爱国者

实践形式

歌咏会——祖国颂（演讲、歌唱，歌颂祖国）。

实践要求

1．歌咏时间：3 ~ 5分钟。

2．形式要求：表现形式为歌唱、演讲两类。演讲要求语言表达准确、流畅、自然，符合演讲的语言习惯和特点；歌唱要求内容积极向上，符合爱国主题，情绪饱满，旋律动人。

3．内容紧扣主题，积极向上。

4．内容提示：结合课程所学内容，围绕爱国主义展开。

实践流程

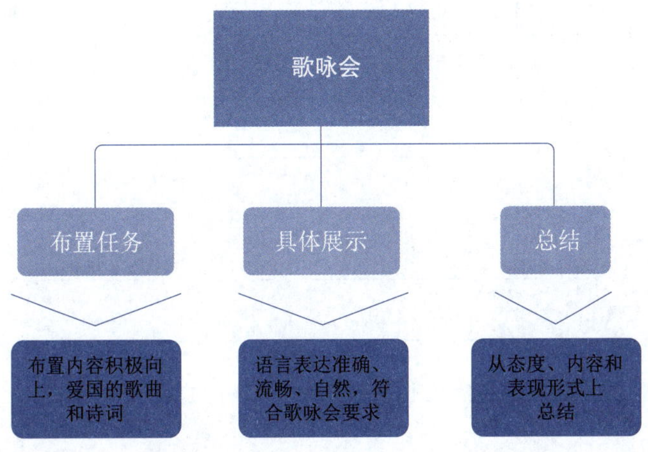

成果展示

实践项目	歌咏会——祖国颂		
班级		姓名	

演讲稿/歌曲赏析

活动评价

评比内容	分值	具体要求	得分			
			教师评价	小组评价	学生评价	合计
颂咏内容	40分	主题鲜明，观点正确，思想性强。 格调积极，语言流畅，富有真情实感。 论证充分，逻辑严谨，说服力强。 形式丰富，创新性强，辅助效果明显。 歌唱曲目内容健康，积极向上，无不健康内容				
颂咏艺术	30分	吐字清晰，声音洪亮，语速适当，表达流畅。 语气、语调、声音、节奏富于变化，注意轻重缓急、抑扬顿挫。 形体语言自然得当，能准确地配合歌曲内容				
颂咏气质	20分	仪表端庄，举止得体，感情充沛，体现朝气蓬勃的精神风貌。 整首歌曲的演唱富有感情，音乐节奏感强，歌曲演唱完整				
时间掌控	10分	颂咏时间控制在3～5分钟				
总分	100分					

自我反思

在活动参与过程中，你有什么收获和体会呢？还有什么不足之处需要整改？把你的想法记录下来。

项目三　创意大比拼

实践目的

1. 激发创新活力，提高创新能力。

通过创意大比拼，激发学生的创新热情和活力，提高学生的创新能力。

2. 弘扬创新精神。

通过创意大比拼，培养学生的创新意识和创新理念，弘扬创新精神，使创新成为校园里的一种时尚。

理论依据

第三章　第三节　让改革创新成为青春远航的动力

实践形式

创意大比拼。

实践要求

1. A类：作品展示。可以是绘画、短视频或是其他手工作品，要求体现新意，富于创意。作品积极向上。

2. B类：表演类。可以是现场表演，也可以是录制表演的视频作品。要求表演能令人耳目一新，体现主旋律，催人向上。

实践流程

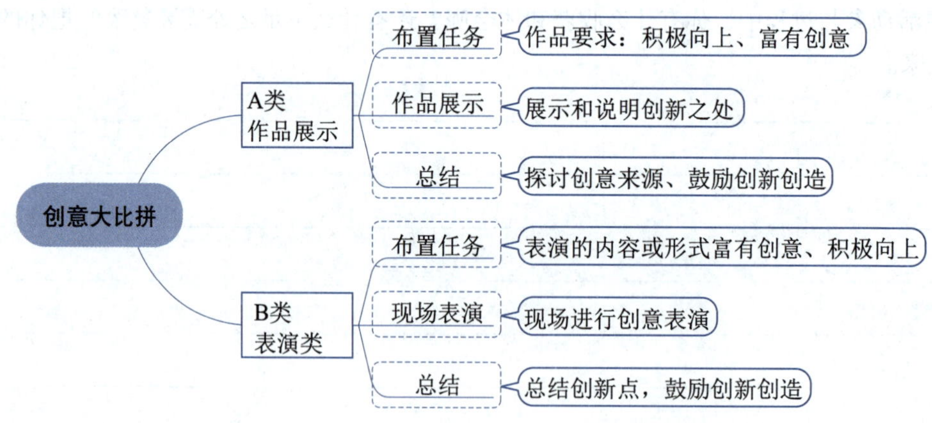

成果展示

<table>
<tr><td>班级</td><td></td><td>姓名</td><td></td></tr>
<tr><td colspan="4">创意大比拼</td></tr>
<tr><td>创新点</td><td colspan="3"></td></tr>
<tr><td>作品内容</td><td colspan="3"></td></tr>
</table>

活动评价

评比内容	分值	具体要求	得分			
			教师评价	小组评价	学生评价	合计
演讲内容	55分	主题鲜明，观点正确，思想性强。 格调积极，语言流畅，富有真情实感。 论证充分，逻辑严谨，说服力强。 形式丰富，创新性强，辅助效果明显				
演讲艺术	20分	吐字清晰，声音洪亮，语速适当，表达流畅。 语气、语调、声音、节奏富于变化，注意轻重缓急、抑扬顿挫。 形体语言自然得当，能准确地配合演讲内容				
演讲气质	20分	仪表端庄，举止得体，感情充沛，体现朝气蓬勃的精神风貌				
时间掌控	5分	演讲时间控制在5～6分钟				
总分	100分					

自我反思

在活动参与过程中，你有什么收获和体会呢？还有什么不足之处需要整改？把你的想法记录下来。

拓展资料

推荐阅读：

[1] 王蒙. 中国精神读本[M]. 杭州：浙江文艺出版社，2019.

[2] 季羡林. 中国精神·中国人[M]. 香港：国际文化出版社，2013.

[3] 西奥迪尼. 影响力[M]. 北京：中国人民大学出版社，2006.

精品资料：

纪录片：《辉煌中国》。

第四单元

明确价值要求　践行价值准则

时间是由分秒积成的，善于利用零星时间的人，才会做出更大的成绩来。

——华罗庚

正路并不一定就是一条平平坦坦的直路，难免有些曲折和崎岖险阻，要绕一些弯，甚至难免误入歧途。

——朱光潜

当我们为一去不复返的青春叹息时，我们应该考虑将来的衰老，不要到那时再为没有珍惜壮年而悔恨。

——拉布吕耶尔

项目一　身边的文明　时代的美感

实践目的

以社会主义核心价值观为引领，讲好决胜全面小康、决战脱贫攻坚的故事，讲好众志成城、科学抗疫的故事，透过“小场景”“小故事”，展示习近平新时代中国特色社会主义思想在我们身边的生动实践，展现身为社会主义核心价值观积极践行者的我们，为实现新时代“三步走”战略目标所凝聚出的磅礴力量。

理论依据

第四章　第三节　积极践行社会主义核心价值观

实践形式

微视频。

实践要求

1．微视频时间：微视频时长3分钟、微电影时长5~15分钟，共三个类别。

2．形式要求：剧情微电影（微视频）、纪实微电影、动漫微电影，专题片和纪录片等多种题材。

3．鼓励在文学创作、影像风格、美学追求和制作水准等艺术与技术方面有优良表现。严禁剽窃、抄袭，不得出现违背社会公共道德、色情、暴力、侵犯他人隐私及其他违反国家相关法律或规定的内容。

4．内容提示：结合所见所想，围绕社会主义核心价值观这一中心问题展开。

5．视频格式：MP4格式，画面质量要求为1080P。

实践流程

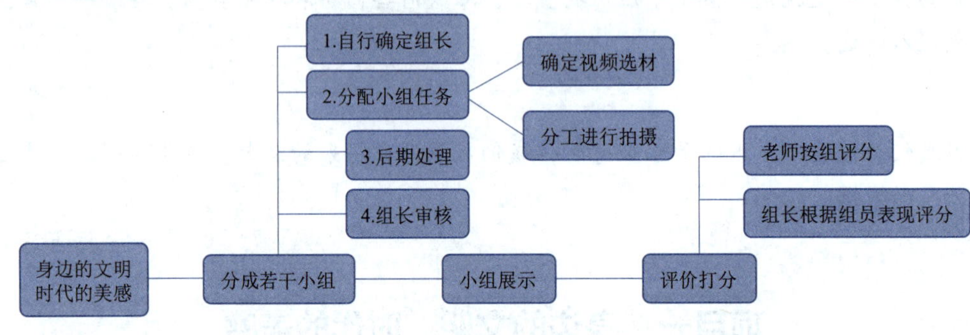

成果展示

实践项目	微视频：身边的文明　时代的美感				
姓名		班级		学号	

视频结构设计：

视频内容简介：

活动评价

评比内容	分值	具体要求	得分
主题内容	30分	思想内容能紧密围绕主题，内容充实具体，生动感人	
	30分	给人以启迪，并与主题契合，材料真实、典型、新颖，事迹感人，实例生动，反映客观事实，具有现实意义	
	5分	内容（镜头切换是否自然，背景音乐是否合适）	
	5分	画面播放是否清晰流畅，字幕是否与画面匹配	
语言表达	5分	参赛者语言得体，吐字清晰，声音洪亮、圆润	
	20分	作者表达能力（讲述故事时，能否在一定时间内表达清楚，并说出自己的心得体会）	
形象	5分	参赛者精神饱满，能较好地运用姿态、动作、手势、表情，表达对自己录制视频的理解	
总分	100分		

自我反思

在活动参与过程中，你有什么收获和体会呢？还有什么不足之处需要整改？把你的想法记录下来吧。

项目二　品味传统文化　传承华夏文明

实践目的

进一步弘扬中华优秀传统文化，坚定文化自信，传承“仁、义、礼、智、信”中华传统美德及社会主义核心价值观。通过活动的开展，既增强了学生们对中国传统文化的认同感、归宿感和自豪感，又使社会主义核心价值观内化于心外化于行，以此进一步提高文化素养，为实现中华民族伟大复兴的中国梦增添力量。作为新世纪主人的我们，要继承和弘扬中国优秀传统文化，谱写更新更美的篇章。

理论依据

第四章　第二节　社会主义核心价值观的显著特征

实践形式

知识竞赛。

实践要求

一、基本规则

1. 各班级要高度重视此次竞赛，精心组织人员参加，参赛选手要认真准备比赛。

2. 参赛选手要统一服装，提前20分钟进场，现场抽取座位号。

3. 参赛各组成员要注意比赛纪律，发扬风格，展现良好的精神风貌。

4. 由学生自主成立三人一组小队，现场抽签决定小队座次。

5. 答题裁定：答题正误由主持人裁定，遇有违规争议，主持人无法判定时，由主持人请求仲裁组裁定。仲裁组由思政部教师组成。

6. 各参赛队的基准分为100分，在此基础上通过竞赛增减，比赛结束后，依据各队得分高低排定名次。

7. 选手答题须起立作答，答题完毕后须回复“答题完毕”，在规定时间之外回答的内容无效。

二、必答题规则

1. 必答题共三轮。按队员场上座位顺序，面向观众，从左至右，依次为1、2、3号队员，每队每人1题，每题10分，答对加10分，答错或不完整扣10分。

2. 必答题按每队1、2、3号队员轮流作答，其他队员不得代为作答或提示，否则扣分。

3. 选手答题时间从主持人把题目读完后开始计时，不得超过20秒，超时无效，扣10分。

三、抢答题规则

1. 抢答题共18道，每题10分，答对加10分，答错扣10分。

2. 各参赛代表队需要在主持人宣布“开始”后再抢答，可在规定时间内商议和补充。提前抢答视为犯规，扣10分，不再增补试题。

3. 抢答题答题时间不得超过30秒，超时无效，扣10分。

四、风险题规则

1．风险题分为10分、20分、30分三类，每类各6道题，答对得相应分数，答错扣相应分数，各代表队可视自身积分自由选题或弃选。

2．各参赛队按座位顺序选题、答题，题目一经选定便不得更改，已选过的风险题不再重选。

3．参赛队内部可在相互讨论后，选派一名选手起立作答，队内其他选手可在规定时间内补充，答完题在说“回答完毕”后方可坐下，“回答完毕”后不得再补充作答。

4．风险题不按分值区别计时，讨论时间30秒，答题时间30秒，超时无效。

五、附加赛规则

1．比赛结束后，如果有两支以上参赛队积分相等而影响晋级或评奖等级时，积分相等的代表队进行附加赛。

2．附加赛题型为抢答题，规则同前，直到决出名次为止。

实践流程

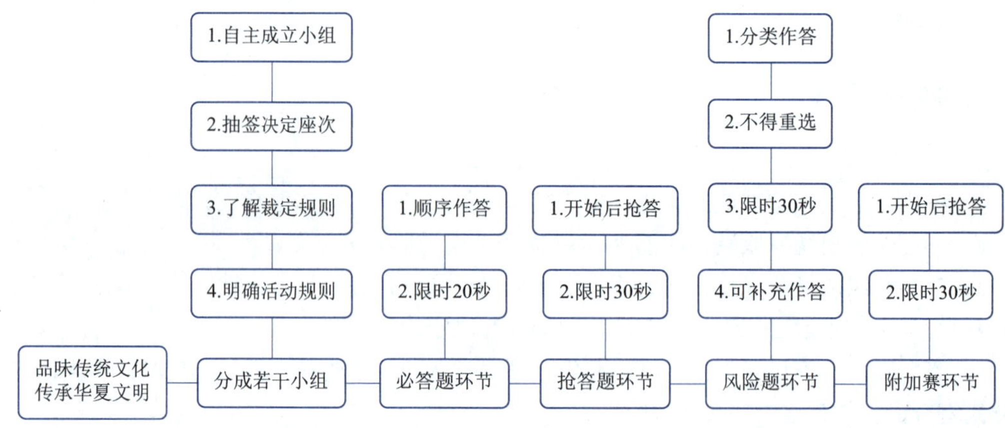

成果展示

社会主义核心价值观不是无源之水、无本之木，中华优秀传统文化是社会主义核心价值观的重要源泉。学习和了解中华优秀传统文化，有助于我们从中华优秀传统文化中汲取丰富营养，深刻理解中国特色社会主义核心价值观的内涵和历史底蕴，进而坚定价值观自信。“品味传统文化　传承华夏文明”知识竞赛是学习中华优秀传统文化的良好契机，同学们积极行动起来吧！请同学们将在参赛准备过程中学习到的经典题目记录在下面的表格中，以便于复习巩固和互相分享。

实践项目	“品味传统文化　传承华夏文明”知识竞赛		
班级		姓名	
经典题库			

自我反思

在活动参与过程中，你有什么收获和体会呢？还有什么不足之处需要整改？把你的想法记录下来吧。

拓展资料

推荐阅读：

[1]杨义．身边的感动[M]．北京：人民日报出版社，2012．

[2]李德顺．价值论[M]．北京：中国人民大学出版社，2007．

[3]郑承军．理想信念的引领与构建：当代大学生的社会主义核心价值观研究[M]．北京：清华大学出版社，2010．

精品资料：

1．视频：《崔根良——光缆筑梦人》。

2．视频：《曲建武——照亮心灵的路》。

3．视频：《宋玺——北大女生逐梦之旅》。

第五单元

遵守道德规范　锤炼道德品格

道德常常能填补智慧的缺陷，而智慧却永远填补不了道德的缺陷。

——但丁

美德好比宝石，它在朴素背景的衬托下反而更华丽。同样，一个打扮并不华贵，却端庄、严肃而有美德的人是令人肃然起敬的。

——培根

支配和统治一切的，在君主政府中是法律的力量，在专制政府中是永远高举着的君主的铁拳，但是在一个人民的国家中还要有一种推动的枢纽，这就是美德。

——孟德斯鸠

项目一　聚焦社会热点　评析道德事理

实践目的

通过讨论的形式，使学生了解社会热点和民生百态中的道德事件，通过对社会热点和道德事件的分析与讨论，提高自身道德素质，树立正确的道德观。

理论依据

第五章　第三节　投身崇德向善的道德实践

实践形式

讨论。

实践要求

1. 发言时间：3～5分钟。
2. 形式要求：脱稿讨论。
3. 语言表达生动、流畅、准确。
4. 紧扣社会热点问题，观点明确，内容积极向上，客观评价，分析恰当，不偏激，负面事件正面引导。

5. 内容提示：结合课程所学内容，围绕某一社会热点问题展开。具体可包括以下三部分：

（1）陈述社会热点问题。

（2）明确提出观点，分析社会热点问题。

（3）结合自身或大学生实际得出结论，面对此类道德问题，应该如何做出正确的选择，树立正确的道德观。

实践流程

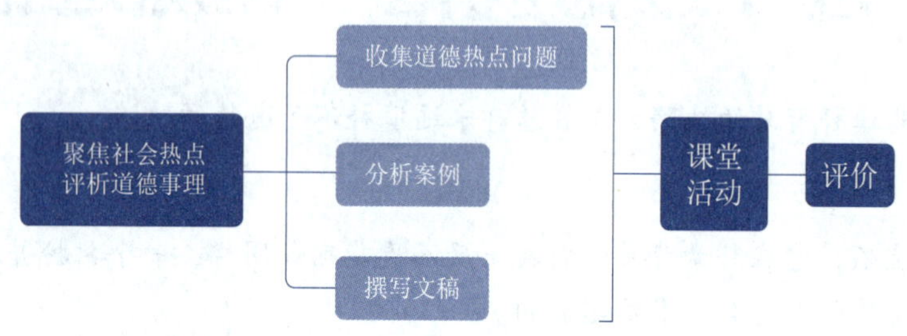

【小贴士】社会热点参考

楼上孩子吵闹楼下用震楼器"反击"

某小区有一户的孩子经常在客厅蹦蹦跳跳，楼下居民嫌吵已经多次向物业反映，物业虽经过数次沟通协调，但均没有效果。听说最近楼下为了"反击"楼上，专门购买了"震楼器"，因此两家人的矛盾进一步激化。得知这一情况后，社区民警立即对两户人家进行走访与调解。在楼下住户李某的家中，民警确实发现了直立在客厅中央的一个"震楼器"。李某称，楼上吵得实在让人难以忍受，说了很多次都没用，没办法只能这样回击。民警告知李某使用"震楼器"属于违法行为，应予以收缴并依法对业主进行了警告。对楼上住户王某，民警要求对孩子加以约束，对易产生较大声音的物品做除噪处理，在客厅增设加厚隔音海绵垫等。经过社区民警多次走访调解，楼上楼下两户邻居的关系终于有所缓和。楼上的王某也主动购买了加厚隔音海绵垫铺在家里，两家的矛盾彻底化解。

老人摔倒扶不扶？

老人摔倒"扶不扶"的问题近些年来一直被人们热议。有人说不扶老人是社会文明的倒退，是社会诚信的缺失和国人道德滑坡，但是救助老人被讹的事情屡屡发生，并且还有升级之势，这导致想做好事的人，在权衡得失后，选择旁观。摔倒老人的讹诈行为不仅是个别老人素质的低下，而且还和碰瓷不无区别，是一种违法犯罪。老人讹诈几乎没有任何成本，运气好了不光有医疗费，还可能有赔偿，运气不好没有任何损失，也不会有惩罚。

如果在路上看到一位老人摔倒，你扶还是不扶？春晚小品《扶不扶》结尾的一句话给了人们答案："这人倒了咱不扶，这人心不就倒了吗？人心要是倒了，咱想扶都扶不起来了。"

"扶不扶"的问题不是简单的道德命题，其背后的实质是我们相关法律配套措施的不完善。助人为乐的人得不到保护，蓄意讹诈的人得不到惩罚，这更加助长了讹人者的气焰。大多数人看到老人摔倒的第一反应都是去帮扶，不扶的原因归结到底还是害怕惹祸上身，不敢扶，扶不起。

在一个社会里，当人们为了一己私利而不顾公理道德，无视社会公序良俗，甚至昧着良心颠倒黑白时，不能不说这是社会文明的退步。这种退步，折射出社会价值体系的倾斜。当给他人帮助获得的不是快乐，而是麻烦、痛苦甚至灾难时，谁还会主动伸出援手呢？

成果展示

亲爱的同学们，通过对这些社会热点问题的讨论，你是否已经对这些道德现象有了一个正确的认识？快把自己的观点记录下来吧！

实践项目		聚焦社会热点　评析道德事理			
题　　目					
姓名		班级		学号	
讲　稿					

活动评价

评比内容	分值	具体要求	得分			
			教师评价	小组评价	学生评价	合计
综合分析	60分	主题鲜明，观点正确，思想性强。 论证充分，逻辑严谨，推导合理。 理论联系实际				
语言艺术	20分	吐字清晰，声音洪亮。 语速适当，表达流畅。 形体语言自然得当				
举止仪表	15分	仪表端庄，举止得体，体现朝气蓬勃的精神风貌				
时间掌控	5分	发言时间控制在3～5分钟				
总分	100分					

自我反思

在活动参与过程中，你有什么收获和体会呢？还有什么不足之处需要整改？把你的想法记录下来。

项目二　身边的模范　榜样的力量

实践目的

通过PPT图文讲解，使学生知晓道德模范的高尚品格和先进事迹，使学生理解优良的品质、高尚的人格并非一蹴而就，而是逐渐积累的结果。道德模范不仅做了许多人不想做的事，而且把大多数人能做的事做得更好。通过活动号召广大学生要向道德模范学习，崇德向善、见贤思齐，弘扬真善美，传播正能量，提升大学生的道德素质。

理论依据

第五章　第三节　投身崇德向善的道德实践

实践形式

PPT图文讲解。

实践要求

1．讲解时间：3 ~ 5分钟。

2．制作PPT，图文并茂地展示讲解内容。

3．PPT画面清晰，制作精美，能够起到辅助说明的效果。

4．语言表达生动、流畅、自然。

5．选取身边的模范事迹，内容积极向上。

6．内容提示：结合课程所学内容，围绕身边的模范事迹展开叙述。具体包括以下三部分：

（1）叙述人物的主要模范事迹。

（2）分析人物的道德观及其积极影响作用。

（3）结合自身实际或大学生生活实际，引导大家在生活中借鉴或学习，从自我做起，从身边事做起，从小事做起，实现由现实自我向理想自我的飞跃。

实践流程

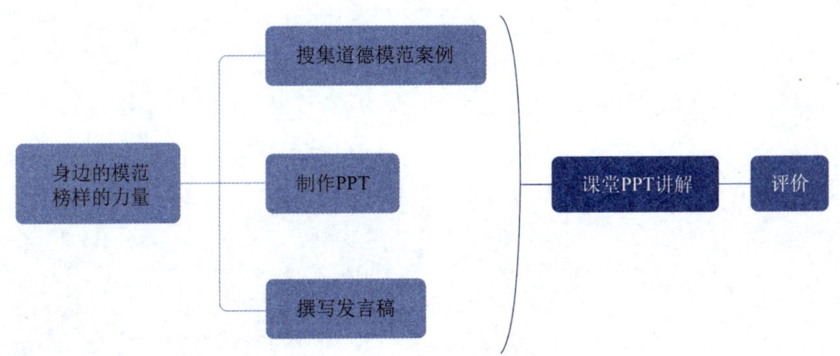

【小贴士】模范事迹参考

创办“抗癌厨房”温暖无数人的万佐成、熊庚香夫妇

“微弱的灯，照亮寒夜的路人；火红的灶，氤氲出亲情的味道。这陋巷中的厨房，烹煮焦虑和苦涩，端出温暖和芬芳，惯看了悲欢离合，你们总是默默准备好炭火。”这是《感动中国》送给万佐成、熊庚香夫妻的颁奖词。

在江西南昌一家医院旁边的小巷子里，有一个特殊的厨房，每到饭点，这里都特别热闹，空气当中混杂着各种饭菜的香味，虽然没有什么山珍海味，但却处处充满着亲情的温暖。

小巷与江西省肿瘤医院一墙之隔，这些忙碌着的都是病人家属，他们来到这里炒几个菜，让病床上的亲人能吃到家的味道。一日三餐，炉火熊熊，人流熙攘，这个专为病人提供炉火的厨房被人们称为“抗癌厨房”。厨房的主人就是万佐成、熊庚香夫妇。

万佐成、熊庚香夫妻俩原本在小巷里租几间房炸油条卖早点，2003 年的一天，一对年轻父母带着生病的儿子来到早点铺想借火做菜，这一举动，令万佐成、熊庚香夫妻意识到一个再普通不过的小小炉火对于他乡求医的人竟如此珍贵。随着越来越多的人求助，万佐成、熊庚香就买了 10 多套厨具和煤球炉，多的时候，一天有近三百人来炒菜。因为设备大家共用，所以这个厨房被亲切地称为“抗癌厨房”。

为了让“抗癌厨房”能维持下去，万佐成、熊庚香夫妇开始收一点成本钱，炒菜收 0.5 元，后来，煤球涨价、电费涨价，二人难以支撑，炒 1 个菜就收 1 元，维持收支平衡，每年过年期间，厨房免费使用。春去秋来，万佐成、熊庚香夫妻的厨房已经走过了 18 个年头，已近 70 的他们依然凌晨四点起床备好炉火，迎接每一天的新老客人，365 天从不离开。

18 年来，来过“抗癌厨房”炒过菜的人难以计数，万佐成、熊庚香也许记不住每个人的名字，但所有人却都记住了他们的名字，在与病魔抗争，在与亲人相守相伴的日子里，一定有份温暖和欢乐来自“抗癌厨房”。医院里亲人间互相守护，院外“抗癌厨房”完成了另一种守护，无论白天或夜晚，这里总会为你留一个炉火。

万佐成、熊庚香夫妇没有惊天动地的壮举，却足以温暖无数个患癌病人和家属，给无数个患癌家庭带去希望，用自己的朴实纯粹、淡泊名利书写了精彩的人生。18 年来，即便是过年之时，即便是获得“感动中国”荣誉之时，他们仍坚定地守在这家“抗癌厨房”中，准备好炉火，帮助和延续着癌症患者和家属对生的渴望，以实际行动诠释了新时代奋斗者之姿，闪耀着平凡英雄的光芒。

成果展示

亲爱的同学们，在我们身边的各行各业、各类人群中有一大批助人为乐模范、见义勇为模范、诚实守信模范、敬业奉献模范、孝老爱亲模范，他们的业绩、精神和品质是我们取之不尽、用之不竭的力量源泉。大学生应积极从道德模范身上获取前进的动力，做社会良知的守望者、传播者和践行者。让我们把他们的模范事迹记录下来吧！

实践项目		身边的模范　榜样的力量			
题　　目					
姓名		班级		学号	
PPT 讲稿					

活动评价

评比内容	分值	具体要求	得分			
			教师评价	小组评价	学生评价	合计
PPT讲解	40分	主题鲜明，观点正确，格调积极。 论证充分，逻辑严谨，说服力强。 理论联系实际				
PPT制作	30分	PPT画面清晰，制作精美，能够起到辅助说明的效果。 PPT以图片为主，不宜有过多文字，布局合理。 制作篇幅不宜过少				
语言艺术	15分	吐字清晰，声音洪亮。 语速适当，表达流畅。 语调、声音、节奏富于变化，切合讲解内容。 形体语言自然得当				
举止仪表	10分	仪表端庄，举止得体，体现朝气蓬勃的精神风貌				
时间掌控	5分	发言时间控制在3～5分钟				
总分	100分					

自我反思

在活动参与过程中，你有什么收获和体会呢？还有什么不足之处需要整改？把你的想法记录下来。

项目三　一封家书

实践目的

家庭是社会的基本细胞，是人生的第一所学校。通过写一封家书的形式，促进家庭成员之间的沟通，抒发对亲人的关爱之情，使学生常怀感恩之心，重视家庭、家教、家风，养成良好的家庭美德。

理论依据

第五章　第三节　投身崇德向善的道德实践

实践形式

一封家书。

实践要求

1. 朗读书信时间：3 ~ 5分钟。
2. 内容必须原创，不得抄袭。
3. 符合书信格式要求，语言流畅、自然，言辞恳切，富有真情实感。
4. 内容积极向上，体现家庭美德。
5. 内容提示：结合课程所学内容，以家书形式展开。具体包括以下几方面内容：

（1）向父母汇报自己的大学生活情况。

（2）抒发对亲人的想念和关爱之情。

（3）追忆家庭生活的幸福时刻。

（4）畅谈对家庭和睦和美好生活的向往。

实践流程

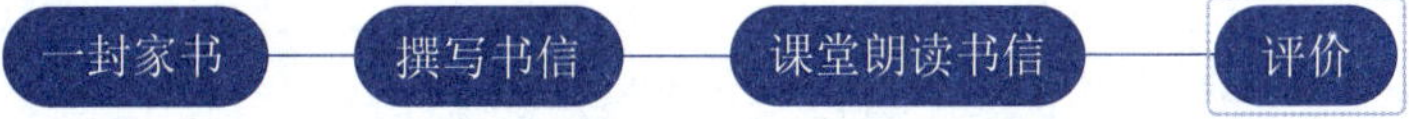

【小贴士】

书信的格式

书信历史悠久，其格式也几经变化。今天，按通行的习惯，书信格式主要包括5个部分：称呼、正文、结尾、署名和日期。

1. 称呼。又称“起首语”，是对收信人的称呼。称呼要在信纸第一行顶格写起，有的还可以加上一定的限定、修饰词，例如，亲爱的。后加“:”，冒号后不再写字。称呼和署名要对应，明确自己和收信人的关系。

2. 正文。正文通常以问候语开头。问候是一种文明礼貌行为，也是对收信人的一种礼节，体现写信人对收信人的关心。问候语最常见的是“您好!”“近好!”依时令节气不同，也常有所变化，如“新年好!”“春节愉快!”。问候语写在称呼下一行，前面空两格，常自成一段，不可直接接下文。

问候语之后，常有几句起始语。如“久未见面，别来无恙。”“近来身体是否安康?”“近来一切可好?”“久未通信，甚念!”之类。问候语要注意简洁、得体。接下来便是正文的主要部分——主体文，可以分为若干段来书写，即写信人要说的话。这一部分，动笔之前，就应该成竹在胸，明白写信的主旨，做到有条有理、层次分明。若是信中同时要谈几件事，更要注意主次分明，有头有尾，详略得当，最好是一件事一个段落，不要混为一谈。

3. 结尾。正文写完后，都要写上表示祝福的话，作为书信的结尾。这是对收信人的一种礼貌。祝福的话可因人、因具体情况选用适当的词，不要乱用。一般对长辈都说一些“工作顺利”“身体健康”之类的祝福语，而对同学则说一些“学习进步”“天天快乐”之类的话。

祝福语的格式是：在正文写完之后，另起一行空两格写“祝你”“敬祝”，再另起一行顶格写上“工作顺利”“身体健康”等，后面都不要用标点符号。

如果不用以上祝福语，也可用“此致”“敬礼”作为结尾。“此致”有两种正确的书写位置，一是紧接着主体正文之后，不另起段，不加标点；二是在正文之下另起一行空两格书写。“敬礼”写在“此致”的下一行，顶格书写。后应该加上一个惊叹号，以表示祝福的诚意和强度。

4. 署名和日期。在书信最后一行，署上写信人的姓名。署名应写在正文结尾后的右方空半行的地方。如果是写给亲属，可加上自己的称呼，如您的孙子、您的侄子等，后边写名字，不必写姓。写给老师则要写上“您的学生”，空一格写上自己的姓名。日期写在署名下边即可。

如果忘了写某事，则可在日期下空一行、空两格写上“又附”，再另起一行书写未尽事宜。

成果展示

亲爱的同学们，你有多久没有给父母写信了？独自一人在外求学的你们，不仅背负着家人的期望，也承载着家人的思念。拿起笔给家人写封信吧，和他们讲讲你的大学生活，聊聊你的学习状况，诉说思念之情，畅想美好未来。

实践项目		一封家书			
姓名		班级		学号	
书信内容					

活动评价

评比内容	分值	具体要求	得分			
			教师评价	小组评价	学生评价	合计
书信内容	60分	行文符合书信格式要求。 内容积极向上，富有真情实感。 必须为原创作品，严禁抄袭				
语言艺术	20分	吐字清晰，声音洪亮，语速适当，表达流畅 语气、语调、声音、节奏富于变化，抑扬顿挫，切合书信内容。 形体语言自然得当				
举止仪表	15分	仪表端庄，举止得体，感情充沛，体现朝气蓬勃的精神风貌				
时间掌控	5分	朗读时间控制在3～5分钟				
总分	100分					

自我反思

在活动参与过程中，你有什么收获和体会呢？还有什么不足之处需要整改？把你的想法记录下来。

项目四　校园文明我先行

实践目的

通过参加公益活动，使学生们从关爱他人、传播青春正能量的活动中感受善的力量，从服务社会和帮助他人中获得成就感和幸福感。有助于传递社会关爱，弘扬社会正气，形成向上向善、诚信互助的良好社会风尚。

理论依据

第五章　遵守道德规范　锤炼道德品格

实践形式

公益活动。

实践要求

1. 学生自行组成公益活动小组，设计活动方案。
2. 公益项目体现志愿服务精神。
3. 活动过程真实，无弄虚作假。
4. 活动过后，提供活动过程佐证材料，方案、录像、照片等。

实践流程

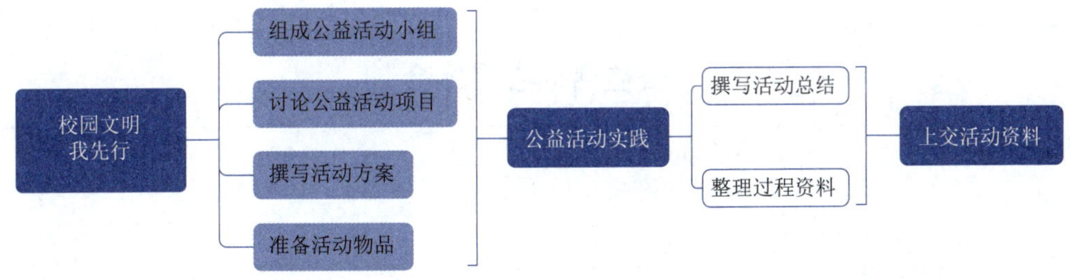

成果展示

亲爱的同学们，请设计一个公益活动方案，并在实施后记录下你的收获和心得，在深入社会、体察民情、关爱他人、奉献社会的道德实践中，为实现中国梦有一分热发一分光。

<table>
<tr><td colspan="2">实践项目</td><td colspan="4">校园文明我先行</td></tr>
<tr><td colspan="2">活动主题</td><td colspan="4"></td></tr>
<tr><td>姓名</td><td></td><td>班级</td><td></td><td>学号</td><td></td></tr>
<tr><td colspan="6">公益活动方案</td></tr>
<tr><td colspan="6"></td></tr>
<tr><td colspan="6">公益活动心得体会</td></tr>
<tr><td colspan="6"></td></tr>
</table>

活动评价

评比内容	分值	具体要求	得分			
			教师评价	小组评价	学生评价	合计
活动准备	30分	组成公益活动小组； 设计活动方案； 活动方案设计有新意、有意义； 准备活动物品				
活动过程	50分	按计划实施活动； 活动过程真实，无弄虚作假； 活动效果良好，取得一定社会反响，使他人受益				
材料上交	20分	活动过程佐证材料及时上交，内容丰富，项目齐全，分类整理				
总分	100分					

自我反思

在活动参与过程中，你有什么收获和体会呢？还有什么不足之处需要整改？把你的想法记录下来。

____

____

____

____

____

____

拓展资料

推荐阅读：

[1]亚米契斯．爱的教育[M]．北京：北京联合出版公司，2014.
[2]蔡元培．中国人道德修养读本[M]．南昌：江西教育出版社，2018.
[3]袁定安．传统文化修养丛书：论语与做人[M]．上海：上海科学技术文献出版社，2019.
[4]曾国藩．曾国藩家书[M]．西安：三秦出版社，2018.

精品资料：

1．电影：《搜索》。
2．小品：《扶不扶》。

第六单元

学习法治思想　提升法治素养

法律需要被信仰，否则它形同虚设。

——道格拉斯

刑罚的威慑力不在于刑罚的严酷性，而在于其不可避免性。

——贝卡利亚

法律的制订是为了惩罚人类的凶恶背谬，所以法律本身必须最为纯洁无垢。

——孟德斯鸠

吏不良，则有法而莫守；法不善，则有财而莫理。

——王安石

项目一　法律辨析——增强法律意识　弘扬法治精神

实践目的

本次活动的开展目的是宣传法制理念、弘扬法律文化，通过团队协作的方式，提高学生的学习积极性，拓宽学生的知识面，提升学生的道德意识和法律意识，同时也希望通过此次活动提高学生思维能力的敏捷性、语言表达的艺术性以及知识结构的完备性。

理论依据

第六章　学习法治思想　提升法治素养

实践形式

举办现场辩论赛或观看辩论赛视频。

实践要求

1. 内容要求：从下列辩题中选择一个展开辩论。

选题1：社会发展主要靠法制VS社会发展主要靠道德

选题2：当代中国应当废除死刑VS当代中国不应当废除死刑

选题3：法治能消除腐败VS法治不能消除腐败

选题4：依法治国重要VS以德治国重要

2．时间要求：每支辩论队在流程规定的时间内交替发言，不得超时。

3．语言运用要求：辩论过程中紧扣辩题，并始终坚持己方立场；语言流畅、逻辑性强，论据充分且有说服力，事实引用得当，推理过程明晰且合乎逻辑，说理透彻；反驳有力、有理，反应机敏，用语得体，对对方的纠缠有有效的处理方法；提问合适，并能抓住对方的要害，回答问题简单明了；正面回答对方的问题，回答中肯，给人有理有据的感觉。

实践流程

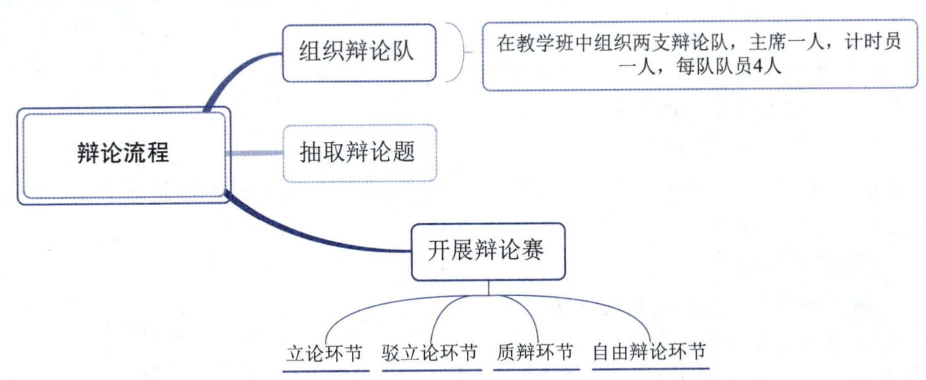

【小贴士】

辩论流程和规则。

环节一：组织辩论队。

在教学班中组织两只辩论队，主席一人，计时员一人，每队队员 4 人。

环节二：抽取辩题。用抽签的方式确定辩题及正反方。

环节三：在课堂上开展辩论赛活动或提交辩论视频。辩论时间安排如下：

一、立论阶段

1. 正方一辩开篇立论，3 分钟。

2. 反方一辩开篇立论，3 分钟。

（注：每方队员在用时剩余 30 秒时，主持人提醒辩手，时间用完时，主持人宣布辩手终止发言。）

二、驳立论阶段

1. 反方二辩驳对方立论，2 分钟。

2. 正方二辩驳对方立论，2 分钟。

三、质辩环节

1. 正方三辩提问反方一、二、四辩各一个问题，反方辩手分别应答。每次提问时间不得超过 15 秒，三个问题累计回答时间为 1 分 30 秒。

2. 反方三辩提问正方一、二、四辩各一个问题，正方辩手分别应答。每次提问时间不得超过15秒，三个问题累计回答时间为1分30秒。

3. 正方三辩质辩小结，1分30秒。

4. 反方三辩质辩小结，1分30秒。

四、自由辩论

正反方辩手自动轮流发言。每方限时3分钟，双方总计6分钟。发言辩手落座为发言结束并为另一方发言开始的记时标志，另一方辩手必须紧接着发言，若有间隙，累积计时照常进行。同一方辩手的发言次序不限。如果一方时间已经用完，另一方可以继续发言，也可向主席示意放弃发言。自由辩论提倡积极交锋，不能对重要问题回避交锋两次以上，对于对方已经明确回答的问题，不能纠缠不放。

五、总结陈词

反方四辩总结陈词（3分钟）。

正方四辩总结陈词（3分钟）。

（注：应有针对性地对辩论会整体态势进行总结。每方队员在用时剩余30秒时，主持人提醒，时间用完时，主持人宣布终止发言。）

六、其他注意事项：

1. 在辩论时不要随意打断别人的话；

2. 不可进行人身攻击；

3. 尊重主持人及评委的评判；

4. 在辩论中，辩手可以使用道具、图表和物品作为辅助手段以强化自己的陈辞，但尺寸不能过大，以免遮挡；

5. 在每场比赛中，辩手的辩位不能变动。

成果展示

<table>
<tr><td colspan="2">实践项目</td><td colspan="4">法律辨析——增强法律意识　弘扬法治精神</td></tr>
<tr><td colspan="2">辩论主题</td><td colspan="4"></td></tr>
<tr><td>姓名</td><td></td><td>班级</td><td></td><td>学号</td><td></td></tr>
<tr><td>知识点概述</td><td colspan="5"></td></tr>
<tr><td>立论或攻辩</td><td colspan="5">我是________方________辩，我方认为：
1.________
2.________
3.________
综上所述，我方认为：________</td></tr>
</table>

活动评价

团队评分表				
评价内容	分值	评分要点	正方	反方
开篇立论	10分	1．开篇定论逻辑清晰，言简意赅，论点明晰，分析透彻。 2．论据内容丰富，引用资料充分、恰当、准确。 3．分析的角度和层次具有说服力和逻辑性。 4．语言表达流畅、有文采		
攻辩	20分	1．表达清晰，论证合理有力。 2．回答问题精准，处理问题有技巧（攻、守、避合理）。 3．推理过程合乎逻辑，事实引用得当		
攻辩小结	10分	1．全面归纳对方的矛盾差错，并作系统的反驳和攻击。 2．辩护有理、有据、有力，说服力强		
自由辩论	25分	1．攻防转换有序，把握辩论主动权。 2．针对对方的论点、论据进行有力反驳。 3．语言表达清晰流畅，事实应用得当		
总结陈词	15分	1．全面总结本方的立场、论证，系统反驳对方的进攻，为本方辩护。 2．语言表达具有说服力和逻辑性		
团队配合及临场反应	20分	辩论队整体形象，即辩风、整体配合、语言运用、临场反应（语言、风度、举止、表情）等表现良好；有团队精神，相互支持；论点衔接流畅；反应敏捷，应对力强；问答形成一个有机整体		
团体总分	100分			

自我反思

优势：

此次辩论中，我担任________方________辩，我的优势是：

1.

2.

3.

不足：

此次辩论中，我（我方）还存在如下不足：

1.

2.

3.

项目二　以“案”说法——分享经典案例　明断法治精神

实践目的

本活动的目的是活跃课堂气氛，提高学生的学习积极性，激发学生参与活动的踊跃性，培养学生分析问题、解决问题的能力，帮助学生理论联系实际、学以致用。

理论依据

第六章　学习法治思想　提升法治素养

实践形式

以“案”说法视频录制

实践要求

1．时间要求：视频时间6～8分钟。

2．格式要求：将作品录制成视频（MP4格式），以电子版的形式发送至任课教师指定邮箱。

3．内容要求：案例分析结构完整、逻辑清晰，有明确的分析主线；宣传与群众日常生产、生活密切相关的法律法规，传播法治精神和高尚道德情操；能恰当运用法律理论进行分析，评析法律事件主题明确，思想健康向上。

实践流程

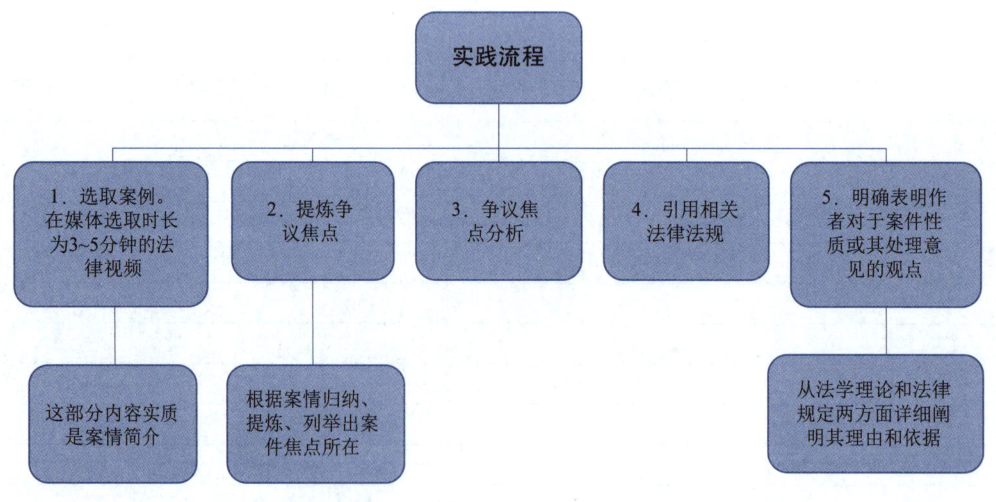

【小贴士】

写案例分析首先要明确自己想说明什么问题，先把自己的观点确立起来，然后以论文形式进行表述。一般可围绕自己想说明的问题进行逻辑推断、博引旁征，以事实或不可置疑的分析判断，证明自己观点的正确性。

案例：

2020年6月15日，四川省成都市某临街小百货店的老板魏某准备回家吃午饭，刚刚迈出店门，就有一个东西砸在自己的头上，疼得他捂住头大叫起来，而此时鲜血也从他的手指间流了出来。他的妻子和儿子急忙上前扶住他，发现其头部被砸伤。同时发现，“肇事者”是从楼上掉下来的一只圆盘大小的乌龟。魏某的小百货店在小区的一楼，上面还有2～7层是居民住宅，乌龟肯定是住在2～7层的居民在阳台上饲养的。魏某儿子拿着乌龟从2楼找到7楼让邻居认领，但是这些邻居均不承认自己饲养乌龟。报警后，魏某表示，希望养龟的住户能够自觉承认，承担责任，如果无人承认，他将向2～7楼居民集体索赔。请用侵权法的相关原理对本案进行分析。

分析：

这个案件虽然简单，但是在法律上却非常复杂，本案主要涉及是动物致害，还是一般的物件致害问题。我国《民法通则》第127条规定的是动物致害的侵权行为及其责任，本案造成致害的是乌龟，按说应当符合此条规定，但是，这个乌龟又不是一般的动物致害，而是在楼上坠落下来造成的损害，因此又比较接近《民法通则》第126条规定的建筑物的悬挂物、搁置物脱落、坠落造成损害的物件致害责任。前者是无过错责任，后者是过错推定责任。更为复杂的是，本案致害物乌龟的所有人不明，目前还没有查明究竟谁是乌龟的所有人或者管理人，如果最终无法查明这一点，那么就有可能存在魏某所说的2～7楼的6户居民承担连带责任，因为这又接近建筑物抛掷物的侵权责任。

对此应当使用哪条法律，确定侵权责任，我的意见是：

1. 本案的实质是动物致害的侵权行为

不论怎样，这个案件造成魏某损害的都是乌龟，是动物，而不是其他没有生命的物体。但是这个案件与一般的动物致害侵权行为又有所区别。《民法通则》第127条规定的动物致害侵权责任，说的是动物的自主加害，是因为所有人或者管理人对动物没有管理好，而使动物因其本性，自主加害于他人。本案则不然，本案是因动物管理不当在楼上坠落，造成他人损害。尽管如此，这个案件终究是动物造成的损害，适用《民法通则》第127条确定的规则，适用无过错责任原则确定侵权责任。因此，只要乌龟的所有人或者管理人的行为具有违法性，造成了损害，且两者之间有因果关系，就构成侵权责任。

2. 本案与一般的动物致害侵权行为有所不同

在确定其侵权责任时，应当参考《民法通则》第126条的规定，即乌龟是在建筑物上由于坠落而造成的损害，因此可以按照坠落物造成他人损害的规则处理。如果确认坠落的乌龟是何人所有或者何人管理，那么就应当由其所有人或者管理人对受害人承担侵权责任。如果经过警方侦查也无法确定乌龟的所有人或者管理人，那么这个案件就极类似于建筑物抛掷物的侵权责任。

在重庆法院判决的建筑物抛掷物的侵权责任案件中，一个高层建筑上有人抛掷了一个烟灰缸，造成过路人受到伤害，但无法确定究竟是该建筑物的哪一个人所为，因此，法院为了保护受害人损害赔偿权利的实现，确定由该建筑物的不能证明自己没有实施该行为的人承担连带赔偿责任，这就是建筑物抛掷物责任的规则。尽管有很多人反对这个案件确立的规则，但是，法理认为这样的规则是合理的，从保护受害人的角度上讲是公平的。由于，在最高人民法院人身损害赔偿司法解释规定的物件致人损害的侵权责任中，没有规定这个规则，因此存在很大争议。虽然无法查清致害乌龟的所有人或者管理人，但乌龟的所有者或者管理者必然是魏某楼上 2 ~ 7 楼的居民不可能是他人。因此，为了保护受害人的损害赔偿权利得到实现，即依据民法同情弱者的原则，可以参照物件致人损害的建筑物抛掷物的规则，确定由 2 ~ 7 楼的 6 户居民对魏某的损害承担连带赔偿责任，如果其中有人能够证明自己从来没有养过乌龟，即不可能实施这样的管理不当的行为，则可以免除自己的责任。

结论:

这个案件没有现成的规则可以适用。因此，要经过以上复杂的过程才能确定。其损害赔偿责任的确定比较简单，按照一般的人身损害赔偿的标准确定即可，没有特殊的规定。

2020 年 5 月 28 日，《中华人民共和国民法典》正式颁布，2021 年 1 月 1 日正式施行后，《民法通则》已废止。

成果展示

实践项目		以“案”说法——分享经典案例 明晰法治精神			
题　　目					
姓名		班级		学号	
案例分析稿					
案情介绍					
问题					
结论					
法律依据					
案情分析					

活动评价

评分标准	分值	细则	得分
案例选取	20分	1. 案例选取科学，具有鲜明的时代气息，吸引力强	
案例分析	30分	2. 整体结构清晰，重点突出	
逻辑思维	30分	3. 案例分析思路清晰，深刻透彻。按照结论—法条—法律与事实结合的逻辑结构展开	
语言表达	20分	4. 准确严谨，相关数据科学详实	
总分	100分		

自我反思

1. 在刚才的案例分析中，我还存在以下不足之处，可在以下方面改进和提高：

2. 在刚才的案例分析中，我认为取得了较好的普法效果，原因有以下几点：

项目三　情景再现——演绎古今经典　再现法治新篇

实践目的

本活动的目的是普及法律常识，锻炼学生的语言表达能力，并且引导学生树立正确的法治观念，做到知法懂法用法，成为一名遵纪守法的合格公民。

理论依据

第六章　学习法治思想　提升法治素养

实践形式

法律情景剧。

实践要求

1. 时间要求：时长8~20分钟。
2. 人员要求：主要创作人员5~7人，群众演员不限。
3. 内容要求：法律元素突出，主题鲜明且富有意义。

实践流程

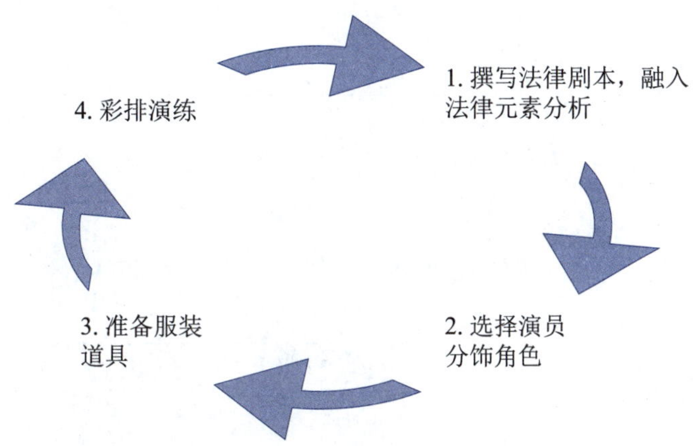

成果展示

<table>
<tr><td colspan="2">实践项目</td><td colspan="4">情景再现——演绎古今经典　再现法治新篇</td></tr>
<tr><td colspan="2">题　　目</td><td colspan="4"></td></tr>
<tr><td>姓名</td><td></td><td>班级</td><td></td><td>学号</td><td></td></tr>
<tr><td colspan="6">剧　　本</td></tr>
<tr><td>知识点概述</td><td colspan="5"></td></tr>
<tr><td>法律依据</td><td colspan="5"></td></tr>
<tr><td>剧本提纲</td><td colspan="5"></td></tr>
<tr><td>剧本内容</td><td colspan="5"></td></tr>
</table>

活动评价

评价标准	分值	评分细则	得分
剧本撰写	10分	主题明确，有教育、启示意义。剧情连贯，有感染力	
演员表演	20分	配合默契，语言和动作能有效推动剧情发展	
内容鲜明	20分	内容能够反映校园生活、社会生活，展现人物的心理世界，健康生动	
法律元素	20分	注重创新，法律元素突出，与情境结合紧密，分析透彻	
服装道具	10分	着装配合主题，大方得体，道具使用恰到好处	
总分	100分		

自我反思

在刚才的情景再现中，我担任________角色，在法律元素的设计与演绎中，还可以在以下方面获得改进和提高：

项目四　新闻播报——关注法律热点　了解法治动态

实践目的

开展本活动的目的是引导同学们关注社会热点新闻，加强学生对国情民情、社会经济文化生活，尤其是我国司法实践的了解；能运用法学理论和法律知识分析问题、解决问题，实现课堂教学内容向时事热点问题的延伸，提高学生的法律素养。

理论依据

第六章　学习法治思想　提升法治素养

实践形式

新闻现场播报。

实践要求

1．时间要求：4～6分钟。

2．内容要求：结合新法新规的颁布、修改和施行进行重点宣传，提高新法新规的知晓度，为新法新规的实施营造良好氛围，或以法律事件为核心，进行相关评论。

3．着装：端庄得体，以正装为主。

实践流程

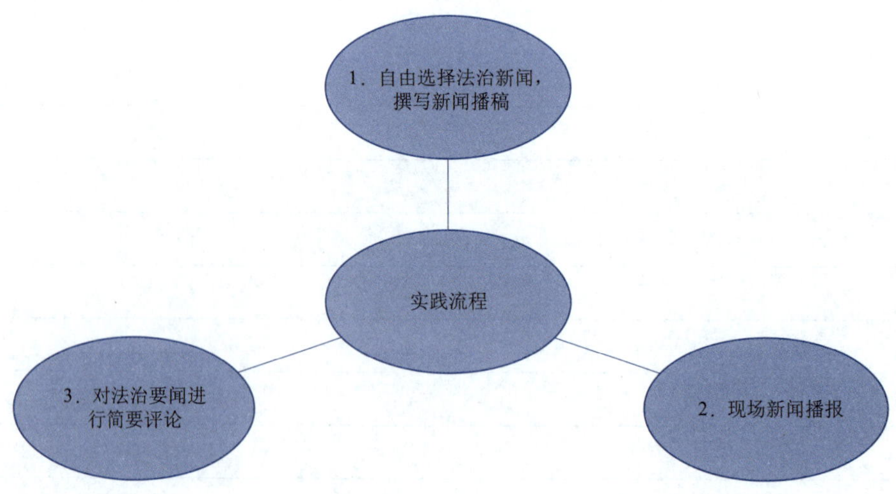

【小贴士】

新闻稿是公司、机构、政府、学校等单位发送予传媒等通信渠道，以公布有新闻价值的消息。通常会用电子邮件、传真、书信（电脑打印）形式分发予报社、杂志社、电台、电视台（电视网络）、通讯社的编辑，亦有专业公司提供分发商业新闻稿的服务。不少新闻稿是通知各大传媒有关记者招待会的消息。新闻稿异于新闻，新闻稿是鼓励新闻记者在该题材上撰写的稿件。

1. 新闻六要素

包括："五个 W"：Who(何人)、What（何事）、When（何时）、Where（何地）、Why（何故）；"一个 H"：How（如何）。即：时间、地点、人物、事件的起因、经过、结果。

2. 新闻稿的格式

新闻稿的格式有很多，而且都是在新闻事业的发展过程中不断摸索出的，不同时期格式也不一样。新闻稿的格式有以下几种：

（1）倒金字塔。这种格式由于迎合了受众的接受心理，因此得到了普遍的模仿，现今中国的很多都市报所使用的都是这种格式。

基本格式（除了标题）是先在导语中写一个新闻事件中最有新闻价值的部分（新闻价值通俗地讲就是新闻中那些最突出、最新奇、最能吸引受众的部分），比如一场球赛刚刚结束，观众、读者、听众们最想知道的是结果，或者是某个球员的发挥情况，就先从这里写起。然后，在报道主体中按照事件各个要素的重要程度，依次递减写下，最后面的是最不重要的。同时注意，一个段落只写一个事件要素，不能一段到底。

因为这种格式不符合事件发展的基本时间顺序，所以在写作时要尽量从受众的角度出发构思，按受众对事件重要程度的认识安排事件要素，因而需要长期的实践经验和宏观的对于受众的认识。

（2）新华体。基本格式（除了标题）是先把事件中最重要的部分在导语中简明地体现出来，然后，按照事件发展的时间顺序把"故事"讲下去。

标题对于新闻报道很重要，甚至都出现了一个标题就是一条报道的情况。因而，标题要提炼新闻事件的"精华"，把最吸引人的地方体现出来，同时要简洁。如果需要可以在主标题前加上引题，在其后加上副题。如果要写比较长的调查性报道、深度报道，可以适当加一些小的标题，以概括一个部分的内容，从而便于受众阅读（针对印刷媒体而言）。

（3）华尔街日报体。这个格式的主要特点是在文首特写新闻事件中的一个"镜头"，一般是以个人的言行为主，从而引出整个新闻报道，比如央行关于房贷要加息的消息，新闻报道就可从一个普通市民的住房贷款写起，从而贴近实际，贴近群众，贴近生活。

3. 写作要点

具有新闻价值、正确的格式、动人的标题；具有简洁切要的内容、平易友善的叙述、高度可读性；篇幅以 1 至 2 页为宜（一页尤佳）。

4. 写作技巧

清晰简洁、段落分明、使用短句、排版清爽。切忌偏离事实、交代不清、内容空洞。一篇好的新闻稿除了具有新闻价值、正确的格式与把握主诉求外，行文应力求简洁切要，叙述应有事实基础，文稿标题要以简要、突出、吸引人为原则，用字要避免冷僻艰深，以提高文稿的可读性。

成果展示

例如，各位同学，大家好！2020年5月28日，十三届全国人大三次会议审议通过了《中华人民共和国民法典》，这是新中国成立以来第一部以“法典”命名的法律，是新时代我国社会主义法治建设的重大成果。我们要充分认识颁布实施民法典的重大意义，推动民法典实施，更好地推进全面依法治国、建设社会主义法治国家，更好地保障人民权益。

实践项目		新闻播报——关注法律热点　了解法治动态			
题　目					
姓名		班级		学号	
新闻播报稿					
热点新闻					
法律依据					
新闻评价	热点新闻与法律条款结合，谈谈该事件与法治进步的关系或意义。				

活动评价

评价标准	分值	具体要求	得分
播报内容	10分	1. 普通话较标准	
新闻选取	10分	2. 语速适中，表达清晰	
播报效果	10分	3. 表现自如，台风稳健	
播报着装	10分	4. 着装正式，端庄大方	
评论内容	50分	5. 评论内容有深度，能体现选手的思想内涵和独到见解	
播报时间	10分	6. 时间控制在4～6分钟，不足或超时1分钟扣2分	
总分	100分		

自我反思

1. 在刚才的新闻播报中，我还存在以下不足之处，在以下方面可以改进和提高：

2. 在刚才的新闻播报中，我认为取得了较好的播报效果，原因包括以下几点：

项目五　法律讲堂——讲解法律常识　分享生活经验

实践目的

以现场讲解或微视频制作的形式对法律常识进行讲解，普及法律知识，增强法律意识，培养知法学法的良好习惯，进而提高守法用法的能力。

理论依据

第六章　知法学法守法用法

实践要求

1．时间要求：3～5分钟。

2．形式要求：现场讲解（PPT辅助展示）；录制微视频（讲解实录或PPT录屏形式）。

3．内容要求：

（1）可选取课堂中学习到的法律知识点，也可选择生活中常用的法律常识，根据自己的理解，结合具体法律条文、日常生活现象、具体事例案件等进行系统说明。内容选择尽量贴近生活，有实际指导意义。

（2）理论精准，无观点错误，案例贴切，有说服力。

4．呈现效果：

（1）讲解思路清晰、逻辑严密，声音洪亮，言语流畅。PPT制作精美、图文并茂，能够有效地起到辅助功能。

（2）微视频必须为本人原创，要求视频音质、画面清晰，视频为常用格式，能够保证正常播放。

实践流程

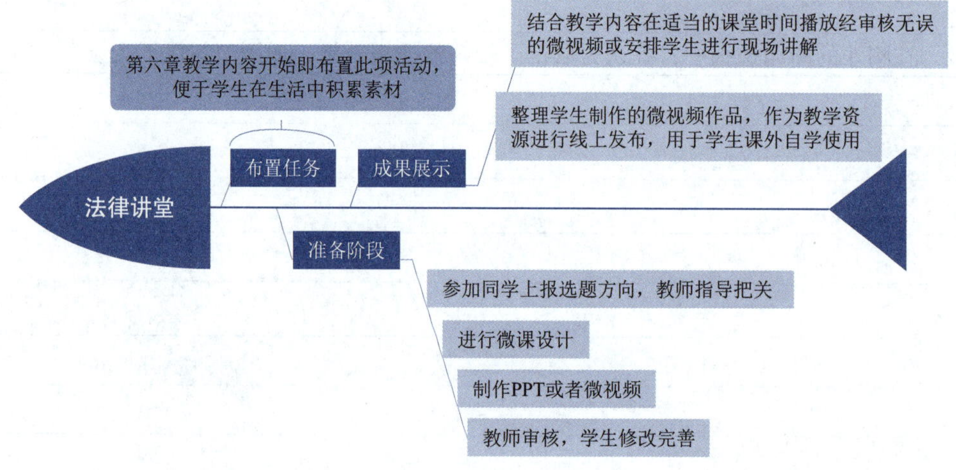

成果展示

<table>
<tr><td colspan="2">实践项目</td><td colspan="4">法律讲堂——讲解法律常识　分享生活经验</td></tr>
<tr><td colspan="2">题　　目</td><td colspan="4"></td></tr>
<tr><td>姓名</td><td></td><td>班级</td><td></td><td>学号</td><td></td></tr>
<tr><td colspan="6">讲　　稿</td></tr>
<tr><td>知识点概述</td><td colspan="5"></td></tr>
<tr><td>理论体系</td><td colspan="5"></td></tr>
<tr><td>案例</td><td colspan="5"></td></tr>
<tr><td>视频链接</td><td colspan="5"></td></tr>
</table>

活动评价

评价标准	分值	具体要求	得分		
			教师评价	学生互评	合计
理论内容	20分	理论精准，观点正确，知识点选取符合要求			
案例选取	20分	案例经典，贴近生活，与理论内容高度契合			
讲解效果	20分	逻辑严密，思路清晰。深入浅出，简明易懂。语音语调自然流利			
PPT、视频制作效果	20分	PPT图文并茂，制作精美，辅助效果明显。 视频无杂音，画面清晰，构思巧妙			
综合效果	20分	主题鲜明、立意新颖，对生活具有较强的启发性和指导意义			
总分	100分				

自我反思

在活动参与过程中，你有什么收获和体会呢？还有什么不足之处需要整改？把你的想法记录下来吧。

项目六　法治校园——破解校园纠纷　构建和谐校园

实践目的

剖析校园生活中常见的法律问题，寻找解决问题的办法和思路，以演讲的形式将各自的所思所悟进行交流，让学生在自主探究的过程中明晰法律的功能和作用，学会自我保护的方法和途径，进而养成良好的法治思维和行为习惯。

理论依据

第六章　学习法治思想　提升法治素养

实践形式

演讲。

实践要求

1．时间要求：3～5分钟。

2．形式要求：脱稿演讲，可以用PPT辅助展示。

3．内容要求：结合校园生活中常见的法律问题，任意选择一个主题进行剖析；讲述真实案例，解读校园生活陷阱；站在法律角度分析问题，提出解决办法或给出合理化建议；总结经验、教训，倡导和谐校园生活。

4．选题参考范围：校园传销、校园贷、寝室纠纷、朋友圈三无产品、劳动就业陷阱、淘宝刷单陷阱、报复恋爱对象和校园暴力。

5．呈现效果：

讲解思路清晰、逻辑严密，声音洪亮，言语流畅。PPT制作精美、图文并茂，能够有效地起到辅助作用。

实践流程

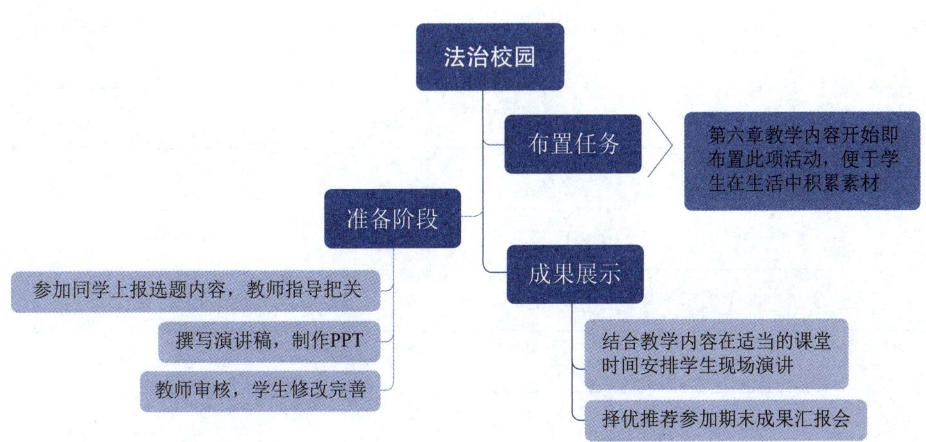

成果展示

<table>
<tr><td colspan="2">实践项目</td><td colspan="4">法治校园——破解校园纠纷　构建和谐校园</td></tr>
<tr><td colspan="2">题　目</td><td colspan="4"></td></tr>
<tr><td>姓名</td><td></td><td>班级</td><td></td><td>学号</td><td></td></tr>
<tr><td colspan="6">讲　稿</td></tr>
</table>

活动评价

评价标准	分值	具体要求	得分		
			教师评价	学生互评	合计
主题	30分	主题鲜明，观点清晰，理论精准，剖析透彻			
案例	20分	案例真实，有代表性。 数据详实，有说服力			
演讲效果	20分	语音、语调清晰流畅，声音、节奏富于变化。仪表端庄，举止得体，感情充沛，切合演讲内容			
PPT等辅助工具运用	10分	恰当运用PPT、图片、视频等元素，辅助演讲，烘托、说理效果明显			
综合效果	20分	立意新颖，见解独到，逻辑严密，思路清晰。方法、建议对生活具有较强的指导意义			
总分	100分				

自我反思

在活动参与过程中，你有什么收获和体会呢？还有什么不足之处需要整改？把你的想法记录下来吧。

项目七　新法速递——解读新法新规　展现法治新风

实践目的

通过详细介绍最新颁布的法律，让学生了解更多新的法律知识，提高法律意识，增强遵法学法守法观念，并能运用相关法律知识维护自身和他人的合法权益。

理论依据

第六章　第四节　自觉尊法学法守法用法

实践形式

演讲（讲解）。

实践要求

1. 讲述内容：5条法条。
2. 形式要求：脱稿讲解。
3. 对法条理解深入，语言清晰、解读准确。
4. 内容提示：结合当前最新颁布的法律条文进行讲解，解读法条。

实践流程

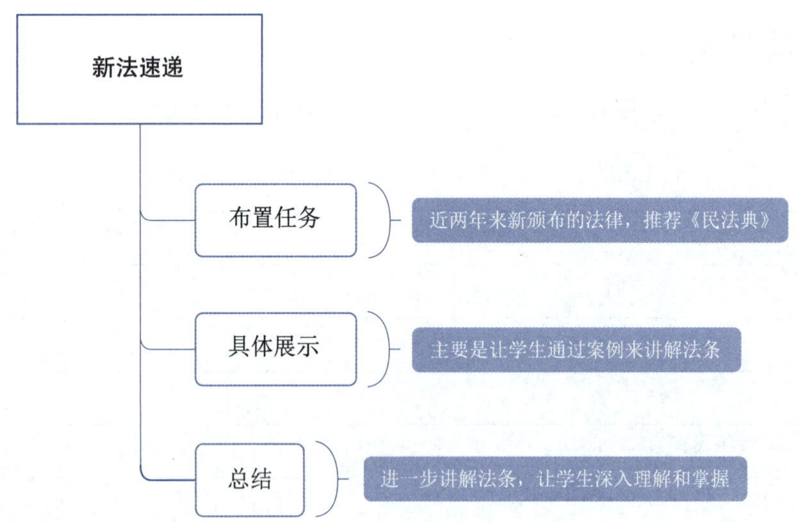

成果展示

遵法学法守法用法是新时代对大学生的要求，也是大学生未来在工作和生活中所必须做到的，大学生要努力学习法律知识，提高法律意识，推动法治社会和法治中国建设。

实践项目	新法速递		
班级		姓名	
新法产生的背景			
新法出台的 意义或作用			
新法主要条款及 对这些条款的释义			

活动评价

评比内容	分值	具体要求	得分			
			教师评价	小组评价	学生评价	合计
讲述内容	40分	讲解清楚，逻辑清晰，深入浅出，通俗易懂				
表现艺术	35分	使用法律语言，语言准确，举例恰当，伦理充分				
气质要求	20分	仪表端庄，举止得体，感情充沛，体现朝气蓬勃的精神风貌				
任务掌控	5分	解读5条新法条				
总分	100分					

自我反思

在活动参与过程中，你有什么收获和体会呢？还有什么不足之处需要整改？把你的想法记录下来吧。

项目八　漫画法律——浓缩法治生活　绘制法治图景

实践目的

用漫画的形式描绘法治生活、绘制法治图景既是一种艺术的直观享受，又是接受法治教育的一种良好方式，学生可以从中体悟到法治社会的深刻内涵，明确社会主义法治体系建设需要全体成员共同参与的道理。大学生应在理解中国特色社会主义法律体系的基础上，深入学习中国特色社会主义法治理论，把握建设中国特色社会主义法治体系的核心要义。同学们把漫画绘制得越形象越生动，教育意义就越强。

理论依据

第六章　第二节　坚持全面依法治国

实践形式

运用漫画的形式，把法治方面的题材融入到作品之中，旨在弘扬法治精神。

实践要求

1．展示时间：讲解漫画的时间控制在3分钟之内。

2．形式要求：展示漫画作品＋脱稿解说。

3．漫画主题：浓缩法治生活，绘制法治图景。作品标题由作者自定，作品主旨鲜明，创意新颖，画面清晰，内容紧扣主题且积极、健康、向上，文字要规范，要求以画为主、以文点睛、文字精妙。

4．画纸要求统一尺寸：A3；可以是一幅，也可以是一幅连环画，要求用水彩笔绘制。

5．内容提示：主题要突出。

（1）漫画的风格和画法不限，通过简约夸张、拟人、比喻象征等表现手法，让大家从中受到教育和启迪，风格可幽默可讽喻，可以是正面颂扬，也可以是侧面衬托。

（2）作品要原创，不得抄袭他人作品或者委托他人代替创作，更不得从网上照搬原图，不得打印图片，必须是手绘，否则将会取消参赛资格。

（3）参赛选手要在参赛作品背面注明自己的班级、姓名和作品标题。各班班长积极动员，认真组织班上的同学进行创作和交流，班级初评的征稿作品上交各班的团支书。

实践流程

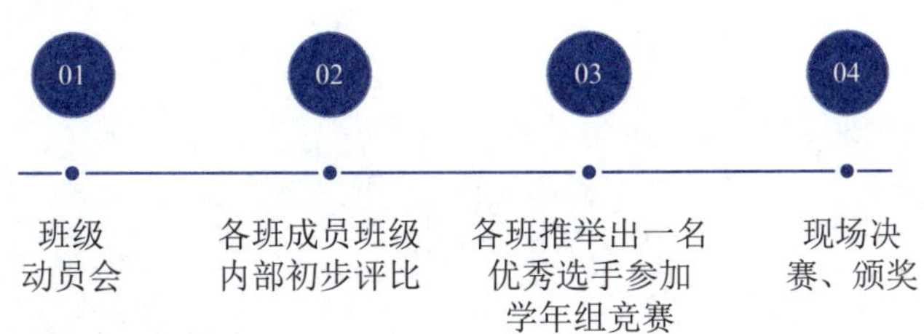

成果展示

发挥和运用法治漫画这一喜闻乐见的表现形式，把法治生活、法治图景融入形象化、艺术化的表现形式之中，以事喻法，以案释法，以艺示法，使同学们在潜移默化中受到法治教育。

<table>
<tr><td colspan="2">实践项目</td><td colspan="4">漫画法律——浓缩法治生活　绘制法治图景</td></tr>
<tr><td colspan="2">漫画主题</td><td colspan="4"></td></tr>
<tr><td>姓名</td><td></td><td>班级</td><td></td><td>学号</td><td></td></tr>
<tr><td colspan="6">漫画创作说明</td></tr>
<tr><td>创作主旨</td><td colspan="5"></td></tr>
<tr><td>内容说明</td><td colspan="5"></td></tr>
</table>

活动评价

评比内容	分值	具体要求	得分			
			教师评价	小组评价	学生评价	合计
作品创意	30分	立意新颖，能够充分体现法治生活或法治图景，构思独特，构图饱满，布局得当，艺术价值高				
作品内容	20分	必须是手绘，不可以打印。主题鲜明，表达清晰，文化内涵丰富，紧扣法治生活这一主旨				
作品美工	30分	漫画风格独特、美术功底扎实、画面色调感染力强，表现形式有特色，具有想象力				
时间掌控	20分	漫画作品展示、讲解的时间控制在3分钟之内				
总分	100分					

自我反思

同学们要想掌握好本节课的实践内容，就要不断加强自身法律素质和法治观念，只有在不断提高自身法律素质和创作水平的基础上，才能确保漫画创作的准确和形象的生动。请大家谈谈自己的收获和不足吧。

拓展资料

推荐阅读：

[1]朱苏力．走不出的风景[M]．北京：中央文献出版社，2019．

[2]刘星．西窗法语[M]．北京：法律出版社，1998．

[3]张建伟．法律稻草人[M]．北京：北京大学出版社，2011．

第二篇

毛泽东思想和中国特色社会主义理论体系概论

第一单元
站起来

只有社会主义能够救中国。社会主义制度促进了我国生产力突飞猛进的发展，这一点，甚至连外国的敌人也不能不承认了。

——毛泽东

中国人民将永远铭记毛泽东同志的不朽功绩，坚决捍卫和发展毛泽东思想的科学体系。

——叶剑英

新形势下，我们要坚持和运用好毛泽东思想活的灵魂，把我们党建设好，把中国特色社会主义伟大事业继续推向前进。

——习近平

项目一　一代伟人

实践目的

通过调查研究，让同学们明白伟人为什么能够带领全中国人民站起来，并引导学生们思考和学习伟人的成长历程，从而消除学习的消极因素，自觉做到努力学习知识，肩负青年的责任和担当。

理论依据

第一章　毛泽东思想及其历史地位
第二章　新民主主义革命理论
第三章　社会主义改造理论
第四章　社会主义建设道路初步探索的理论成果

实践形式

调研报告。

实践要求

1．教师将全班学生分组，每组8～10人，组长一名，负责活动安排。

2．教师指导各小组成员制订调研计划和调研问卷，调研计划应包括调研的时间、地点、参与人员、组织形式、活动流程。

实践流程

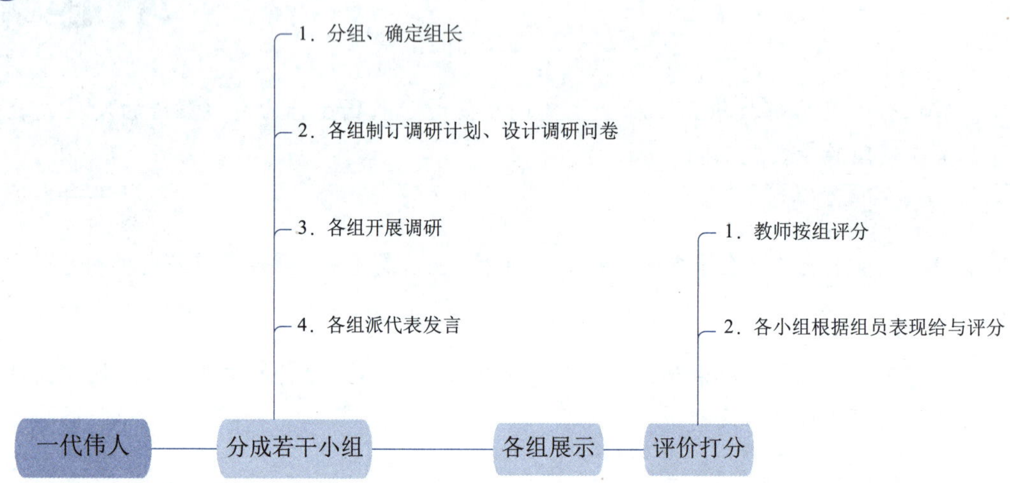

成果展示

每组学生调研结束后以小组为单位撰写调研报告。教师认真评阅学生的调研报告，并评选优秀的调研报告进行展览。

黑龙江农业工程职业学院学生关于《毛泽东思想和中国特色社会主义理论体系概论》课程的调研报告（参考格式）：

毛泽东思想和中国特色社会主义理论体系概论

实践活动调研报告

姓名		班级学号	
调研题目	黑龙江农业工程职业学院 ×× 学院 ×× 专业学生 一代伟人调研报告		
调研地点			
调研时间	××年××月××日		
调研对象			

目　　录

活动评价

评比内容	分值	具体要求	得分			
			教师评价	小组评价	学生评价	合计
调研内容	55分	主题鲜明，观点正确，思想性强。 格调积极，富有真情实感。 论证充分，逻辑严谨，说服力强。 形式丰富，创新性强				
调研格式	20分	1. 上、下、左、右各空1厘米；装订线1厘米； 2. 正文：题目（三号黑体、居中）；摘要（五号宋体加粗）；关键词：三到五个（五号宋体加粗）；正文小四宋体，标准字间距，行间距：固定值22磅；字数：控制在2 000~3 000。 3. 正文标题：一级标题（阿拉伯数字及文字，三号黑体）；二级标题（阿拉伯数字及文字，小三号黑体）；依此类推。 4. 封面（单独为一页）				
调研汇报	20分	吐字清晰，声音洪亮，语速适当，表达流畅。 仪表端庄，举止得体，感情充沛，体现朝气蓬勃的精神风貌				
时间掌控	5分	汇报时间控制在5~6分钟				
总分	100分					

自我反思

在活动参与过程中，你有什么收获和体会呢？还有什么不足之处需要整改？把你的想法记录下来。

项目二　从毛泽东诗词体会毛泽东思想的形成过程

实践目的

通过鉴赏毛泽东的诗词体会毛泽东思想的形成过程，增强学生们的诗词修养，加强文化自信。

理论依据

第一章　第一节　毛泽东思想的形成和发展

实践形式

毛泽东诗词鉴赏。

实践要求

1．教师将全班学生分组，每组8 ~ 10人。

2．教师要求学生围绕毛泽东思想形成的过程进行诗词鉴赏。

实践流程

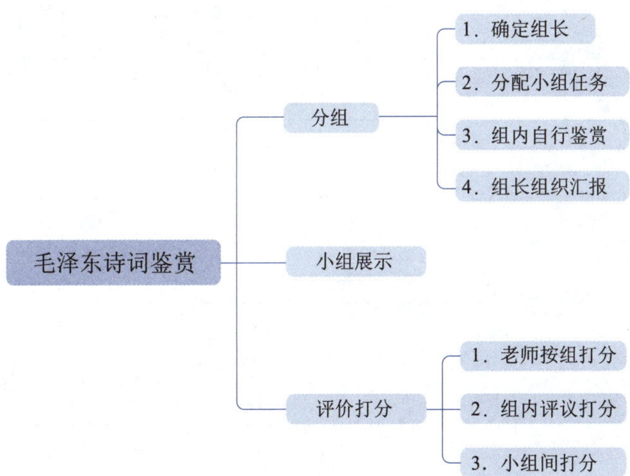

成果展示

以各小组为单位组织讨论交流，每组选出2～3名代表参加全班诗词鉴赏交流发言活动，并总结出500字左右的鉴赏心得。

小组讨论	毛泽东诗词鉴赏		
姓名		班级学号	

活动评价

专业班级		学号		姓名	
诗词名称					
鉴赏时间			鉴赏地点		
主要内容					
鉴赏感悟					
指导教师评价					

自我反思

在活动参与过程中，你有什么收获和体会呢？还有什么不足之处需要整改？把你的想法记录下来。

项目三　资本主义道路为什么在中国走不通

实践目的

通过回顾中国旧民主主义革命的过程，体会新民主主义革命和旧民主主义革命的区别，总结近中国革命的教训，使学生能够不忘国耻，培养对党的深厚感情，增强历史责任感和使命感。

理论依据

第二章　第一节　新民主主义革命理论形成的依据

实践形式

主题讨论。

实践要求

1. 教师将全班学生分组，每组4～5人。
2. 小组讨论，派代表发言。
3. 选出小组记录员。

实践流程

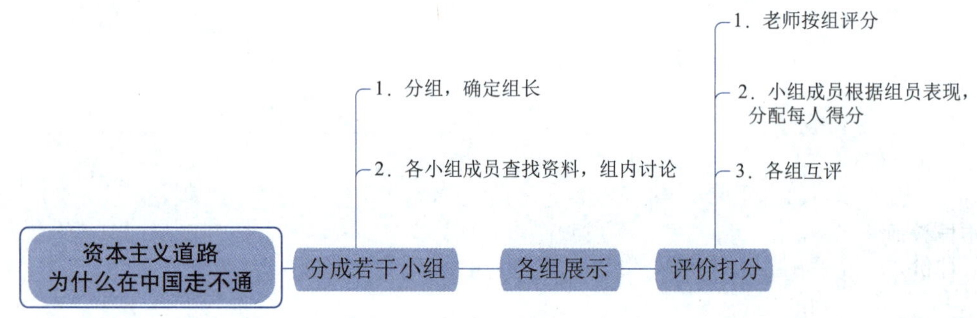

成果展示

主题讨论	资本主义道路为什么在中国走不通？		
姓名		班级学号	

活动评价

各小组学生对发言进行互评，最后由教师对发言进行点评总结，并把课堂讨论的情况计入期末考评成绩。

评比内容	分值	具体要求	得分			
			教师评价	小组评价	学生评价	合计
内容	60分	主题鲜明，观点正确，思想性强。 格调积极，语言流畅，富有真情实感。 论证充分，逻辑严谨，说服力强				
逻辑艺术	30分	吐字清晰，声音洪亮，语速适当，表达流畅。 语气、语调、声音、节奏富于变化，注意轻重缓急、抑扬顿挫，切合演讲内容。 形体语言自然得当，能准确地配合演讲内容				
时间掌控	10分	时间控制在5～6分钟				
总分	100分					

自我反思

在活动参与过程中，你有什么收获和体会呢？还有什么不足之处需要整改？把你的想法记录下来。

项目四　忆峥嵘岁月　珍惜美好生活

实践目的

通过开展“忆峥嵘岁月　珍惜美好生活”活动，使学生从内心深处认识到社会主义制度的优越性，坚定走中国特色社会主义道路的信心，明白中国共产党的领导是历史和人民作出的正确选择，树立跟党走的坚定信念。

理论依据

第二章　第三节　新民主主义革命的道路和基本经验

实践形式

情感交流。

实践要求

1. 教师将全班学生分组，每组4～5人。
2. 小组讨论，派代表发言。
3. 选出小组记录员。

实践流程

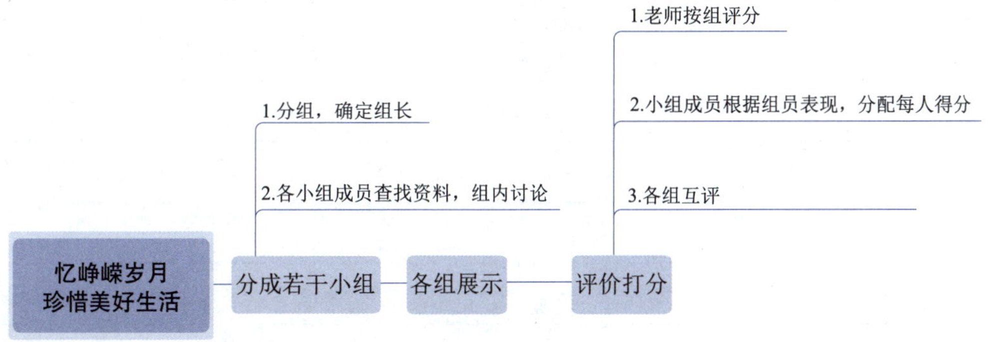

成果展示

小组讨论	忆峥嵘岁月　珍惜美好生活		
姓名		班级学号	

活动评价

各小组学生可对发言进行互评，最后由教师对发言进行点评总结，并把课堂讨论的情况记入期末考评成绩。

评比内容	分值	具体要求	得分			
			教师评价	小组评价	学生评价	合计
内容	60分	主题鲜明，观点正确，思想性强。 格调积极，语言流畅，富有真情实感。 论证充分，逻辑严谨，说服力强				
逻辑艺术	30分	吐字清晰，声音洪亮，语速适当，表达流畅。 语气、语调、声音、节奏富于变化，注意轻重缓急、抑扬顿挫，切合演讲内容。 形体语言自然得当，能准确地配合演讲内容				
时间掌控	10分	时间控制在5～6分钟				
总分	100分					

自我反思

在活动参与过程中，你有什么收获和体会呢？还有什么不足之处需要整改？把你的想法记录下来。

项目五　观看电影《开国大典》

实践目的

通过观看爱国影片，体会中国人民因为新中国的诞生而激动自豪的思想感情，明白只有社会主义才能救中国、只有中国共产党才能领导中国的道理，从而坚定投身建设中国特色社会主义伟大实践的决心，为实现中华民族的伟大复兴而努力奋斗。

理论依据

第三章　第一节　从新民主主义到社会主义的转变

实践形式

课堂讨论。

实践要求

1. 教师将全班学生分组，每组8～10人。
2. 教师对将要组织学生观看的电影做适当的背景介绍，学生自主观看。
3. 教师对学生的观后感进行点评总结，并将观后感的成绩计入期末考评成绩。

实践流程

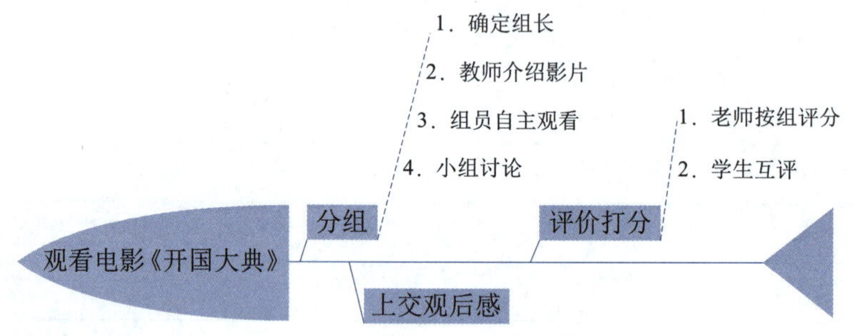

成果展示

专业班级		学号		姓名	
电影名称	《开国大典》				
讨论问题一： 中华人民共和国是如何在严峻的国际、国内环境中奠定和发展的？					
讨论问题二： 中华人民共和国为何选择了社会主义道路？					
讨论问题三： 中国确立社会主义制度的重要意义是什么？					

活动评价

专业班级		学号		姓名	
电影名称	《开国大典》				
观看时间			观看地点		
主要内容					
观后感					
指导教师评价					

自我反思

在活动参与过程中，你有什么收获和体会呢？还有什么不足之处需要整改？把你的想法记录下来。

项目六　社会主义建设情景短剧

实践目的

通过话剧的形式，让学生理解中国特色社会主义理论，充分体会确立社会主义制度的历史必然性，进一步明确为实现中华民族伟大复兴而努力奋斗的目标，进一步建立制度自信。

理论依据

第三章　第二节　社会主义建设道路和历史经验

实践形式

主题情景剧。

实践要求

1．教师根据班级人数，将全班分为若干小组，选出组长。

2．教师提前两周布置实践任务，学生根据教师提供的剧本范围进行选题，教师交代清楚实践教学内容和注意事项。

3．上课时，通过抽签决定表演顺序，并对表演进行摄像，教师给学生打分，并给整体配合好的小组加分。

实践流程

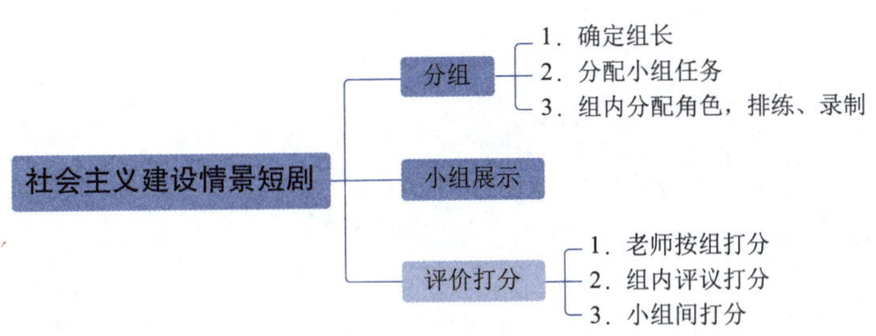

成果展示

实践主题	社会主义建设情景短剧		
活动主题			
姓名		班级学号	

活动评价

各小组学生对发言进行互评，最后由教师对发言进行点评总结，并把表演情况记入期末考评成绩。

评比内容	分值	具体要求	得分			
			教师评价	小组评价	学生评价	合计
内容	60分	主题鲜明，观点正确，思想性强。格调积极，语言流畅，富有真情实感				
逻辑艺术	30分	表演生动、剧情跌宕起伏，具有良好的设计音效和道具，能够帮助学生学习社会主义建设的知识				
时间掌控	10分	时间控制在10分钟之内				
总分	100分					

自我反思

在活动参与过程中，你有什么收获和体会呢？还有什么不足之处需要整改？把你的想法记录下来。

项目七　讲述社会主义建设道路探索过程中先进人物的先进事迹

实践目的

通过讲述先进人物的事迹，感受中国共产党人筚路蓝缕、披荆斩棘的奋斗历程以及先进人物的贡献，从而更好地把握通过艰辛探索而得出的理论成果，从内心深处认识到只有社会主义制度才能救中国，坚定走中国特色社会主义道路的信心；培养学生口头讲述历史事迹的能力和利用新媒体技术的能力。

理论依据

第四章　社会主义建设道路　初步探索的理论成果

实践形式

讲故事。

实践要求

1. 教师将全班学生分组，每组4～5人。
2. 学生分组搜集英雄模范的图片和视频，做好PPT，讲述他们的故事。
3. 教师对学生的讲述进行点评总结，并把观后感的成绩计入期末考评成绩。

实践流程

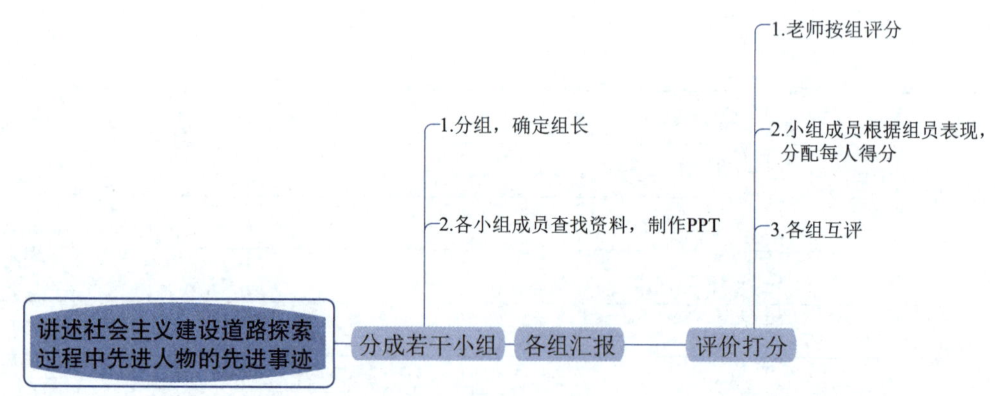

成果展示

<table>
<tr><td colspan="6">讲述社会主义建设道路探索过程中先进人物的先进事迹</td></tr>
<tr><td>专业班级</td><td></td><td>学号</td><td></td><td>姓名</td><td></td></tr>
<tr><td>人物及事迹</td><td colspan="5"></td></tr>
</table>

活动评价

专业班级		学号		姓名	
名称					
主要内容					
观后感					
指导教师评价					

自我反思

在活动参与过程中，你有什么收获和体会呢？还有什么不足之处需要整改？把你的想法记录下来。

项目八　文献精读

实践目的

通过读原著、学原文、悟原理，明白毛泽东在领导全党探索社会主义的过程中，提出的许多富有创造性的思想。做到学以致用，理论联系实际，不断提高自己发现问题、分析问题、解决问题的能力，在实践中创造出优异的成绩。

理论依据

第四章　第一节　初步探索的重要理论成果

实践形式

文献精读。

实践要求

1．教师将全班学生分组，每组4～5人。

2．自主挑选一篇与本课程相关的经典著作，例如，《论十大关系》《关于正确处理人民内部矛盾的问题》《人的正确思想是从哪里来的？》等，认真阅读并做好阅读笔记，每组选出一位代表发言。

3．提交读书笔记，教师对学生的讲述进行点评总结，并把读后感的成绩情况记入期末考评成绩。

实践流程

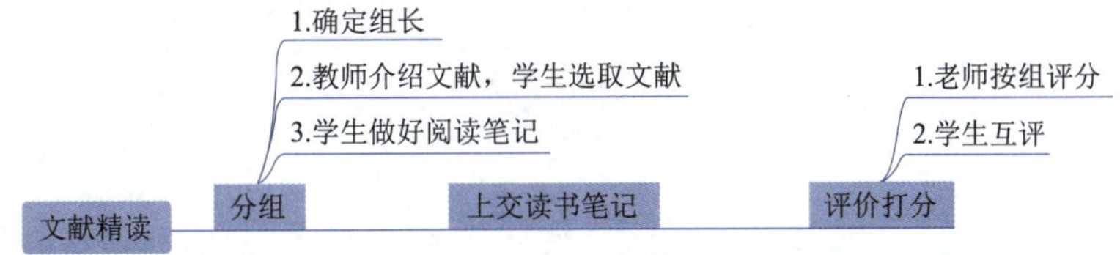

成果展示

专业班级		学号		姓名	
文献题目					
阐述年代背景、基本内容、历史意义及读后体会					

活动评价

专业班级		学号		姓名	
名称					
指导教师评价					

自我反思

在活动参与过程中，你有什么收获和体会呢？还有什么不足之处需要整改？把你的想法记录下来。

拓展资料

推荐阅读：

[1]邓小平．对起草《关于建国以来党的若干历史问题的决议》的意见，《三中全会以来的重要文献选编》上．北京：中央文献出版社，2011．

[2]中国共产党中央委员会关于建国以来党的若干历史问题的决议，《三中全会以来重要文献选编》下．北京：中央文献出版社，2011．

[3]习近平．在纪念毛泽东同志诞辰120周年座谈会上的讲话[M]．北京：人民出版社，2013．

[4]毛泽东．新民主主义论[M]//毛泽东．毛泽东选集：第2卷．北京：人民出版社，1991．

[5]毛泽东．论联合政府[M]//毛泽东．毛泽东选集：第3卷．北京：人民出版社，1991．

[6]毛泽东．论人民民主专政[M]//毛泽东．毛泽东选集：第4卷．北京：人民出版社，1991．

[7]毛泽东．革命的转变和党在过渡时期的总路线[M]//毛泽东．毛泽东文集：第6卷．北京：人民出版社，1999．

[8]毛泽东．关于农业合作互助合作的两次谈话[M]//毛泽东．毛泽东文集：第6卷．北京：人民出版社，1999．

[9]李景治，蒲国良．社会主义建设理论与实践[M]．北京：中国人民大学出版社，2010．

精品资料：

1．纪录片：《纪念毛泽东诞辰127周年：千秋忧患》。

2．大型史诗电视连续剧：《毛泽东》。

3．电影：《建党伟业》。

4．电影：《建军大业》。

5．电视剧：《上海的早晨》。

第二单元 富起来

我是中国人民的儿子。我深情地爱着我的祖国和人民。

——邓小平

不论白猫黑猫，能抓住老鼠就是好猫。

——邓小平

我们党要始终代表中国先进生产力的发展要求；我们党要始终代表中国先进文化的前进方向；我们党要始终代表中国最广大人民的根本利益。

——江泽民

项目一　讲伟人故事　传伟人经典

实践目的

通过讲述伟人不同阶段的人生故事，使邓小平同志鲜活的形象和宝贵的人格品质深入学生的脑海之中，使同学们在了解邓小平同志不平凡的一生的同时，坚定理想信念，勇于面对挫折，勇往直前，为早日实现中华民族的中国梦而努力奋斗。

理论依据

第五章　邓小平理论

实践形式

讲故事。

实践要求

1．时间要求：5～7分钟。

2．形式要求：做PPT，脱稿。

3．语言表达：语言流畅、自然，声情并茂。

4．内容要求：内容紧扣主题，积极向上。

5．内容提示：少年时代邓小平；出国留学的邓小平；投身革命的邓小平；留学莫斯科的邓小平；回国初期的邓小平。

实践流程

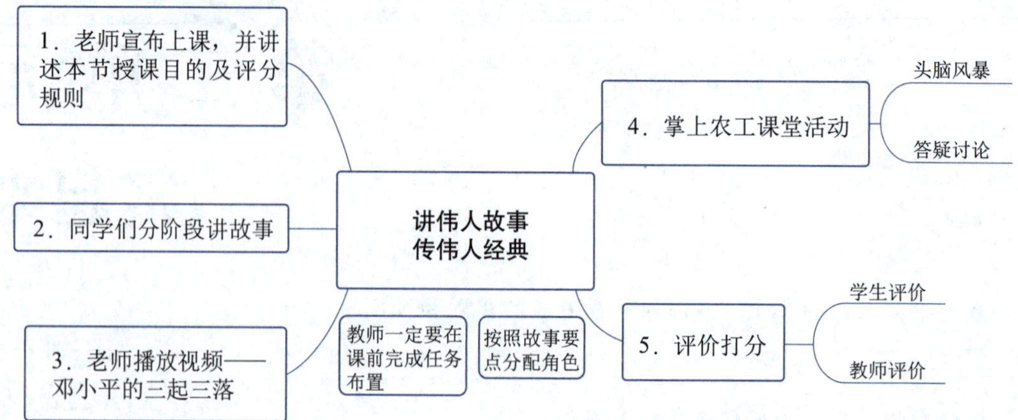
1. 老师宣布上课，并讲述本节授课目的及评分规则
2. 同学们分阶段讲故事
3. 老师播放视频——邓小平的三起三落
讲伟人故事
传伟人经典
教师一定要在课前完成任务布置
按照故事要点分配角色
4. 掌上农工课堂活动
头脑风暴
答疑讨论
5. 评价打分
学生评价
教师评价

成果展示

亲爱的同学们，邓小平的人生独具传奇，释放着伟人的魅力光芒，为我们今后的工作和生活提供了很多可以学习和借鉴的精神品质，快来把你的感悟用你手中的墨笔描绘出来吧！

实践项目	讲伟人故事　传伟人经典		
姓名		班级学号	

讲伟人故事　传伟人经典

活动评价

评比内容	分值	具体要求	得分			
			教师评价	小组评价	学生评价	合计
故事内容	55分	切合主题，观点正确，思想性强。语言流畅，富有真情实感				
表达艺术	20分	吐字清晰，声音洪亮，语速适当，表达流畅。 语气、语调、声音、节奏富于变化，注意轻重缓急、抑扬顿挫，切合演讲内容。 形体语言自然得当，能准确地配合演讲内容				
形象气质	20分	仪表端庄，举止得体，感情充沛，体现朝气蓬勃的精神风貌				
时间掌控	5分	时间控制在5～7分钟				
总分	100分					

自我反思

在活动参与过程中，你有什么收获和体会呢？还有什么不足之处需要整改？把你的想法记录下来。

项目二　观国际风云　一览众山小

实践目的

通过短视频制作过程，使同学们了解邓小平理论形成的时代背景、历史根据及现实依据，掌握邓小平理论的形成过程和基本问题，帮助学生具备时代视野，正确把握时代特征，自觉结合祖国需要和当下实际，定位自身发展。

理论依据

第五章　第一节　邓小平理论的形成条件

　　　　第二节　邓小平理论的基本内涵

实践形式

短视频。

实践要求

1．视频时间：5～7分钟。

2．形式要求：视频内容紧扣主题，视频中建议插入主讲人的讲录视频和PPT课件，提倡使用新颖的视听表现形式。

3．作品格式：要求片头展示主题，使用高清摄影工具，MP4格式，视频画面不抖动、不倾斜，不低于750×576像素。视频时间5～7分钟，上交文件以作品名+年级+班级+姓名命名。语言表达准确、流畅、自然，符合演讲的语言习惯和特点。

4．内容提示：（1）西方资本主义遭受的严重经济危机及影响；（2）战后美苏两极对抗出现的新格局；（3）1992年邓小平南方谈话的意义。

实践流程

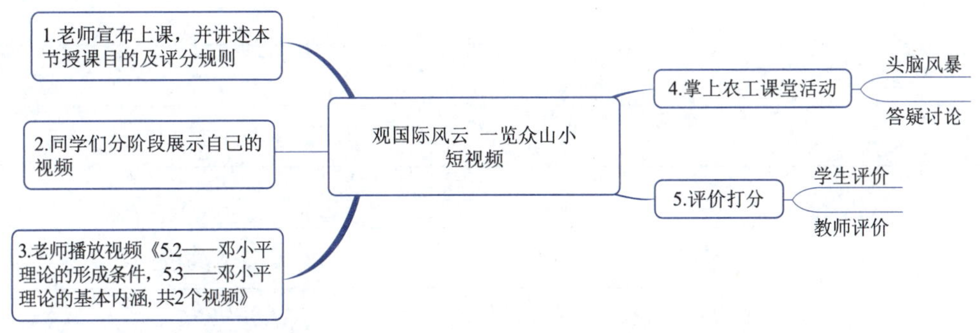

成果展示

亲爱的同学们，在你追寻历史足迹的过程中，一定会对某些事件有自己的看法和认识，快来用你手中的墨笔书写下来吧！

短视频	观国际风云　一览众山小		
姓名		班级学号	

观国际风云　一览众山小

活动评价

评比内容	分值	具体要求	得分			
			教师评价	小组评价	学生评价	合计
视频内容	50分	主题鲜明，观点正确，思想性强。 语言流畅，富有真情实感。 论证充分，逻辑严谨，说服力强。 形式丰富，创新性强，辅助效果明显				
视频效果	40分	视频画面清晰流畅，声音清楚，解说吐字清晰，声音洪亮，语速适当，表达流畅				
时间掌控	10分	演讲时间控制在5～7分钟				
总分	100分					

自我反思

在活动参与过程中，你有什么收获和体会呢？还有什么不足之处需要整改？把你的想法记录下来。

项目三　讲中国之事　谋中国之略

实践目的

通过讲故事的形式，使同学们深入了解“解放思想、实事求是”的思想路线和社会主义初级阶段的提出背景与现实意义，帮助同学识记邓小平理论主要内容的1-4的精髓，为同学们初步认识中国特色社会主义思想以及理解党的理论和政策，并结合自身实际为社会主义发展做出自己的贡献奠定良好的基础。

理论依据

第五章　第二节　邓小平理论主要内容1～5

实践形式

演讲。

实践要求

1. 时间要求：5 ~ 7分钟。
2. 形式要求：做PPT，脱稿。
3. 语言表达：语言流畅、自然，声情并茂。
4. 内容要求：内容紧扣主题，积极向上。
5. 内容提示：

1978年5月11日《实践是检验真理的唯一标准》一文提出的始末；讲述中国第一商贩年广久；讲述四项基本原则背后的故事；讲述“大疆”的创业神话。

实践流程

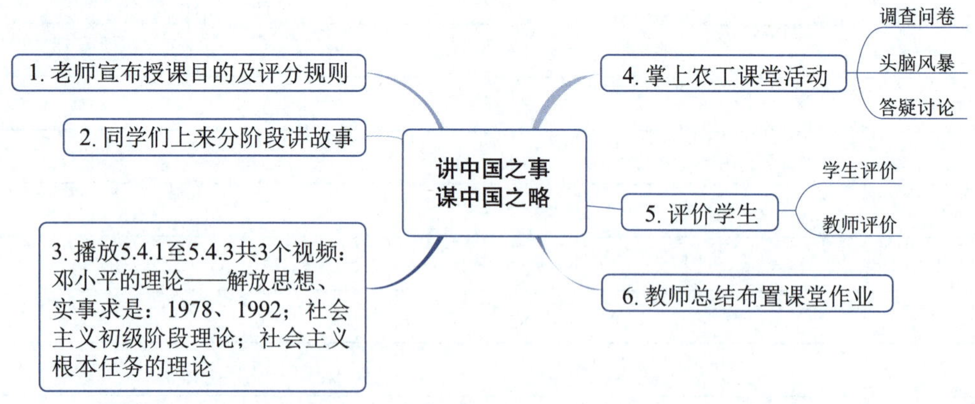

成果展示

亲爱的同学们，在中国特色社会主义建设过程中，有很多中国好故事，每个故事背后又有着深远的意义，快来用你手中的墨笔书写下来吧！

演讲	讲中国之事　谋中国之略		
姓名		班级学号	

讲中国之事　谋中国之略

活动评价

评比内容	分值	具体要求	得分			
			教师评价	小组评价	学生评价	合计
故事内容	55分	切合主题，观点正确，思想性强。 语言流畅，富有真情实感				
表达艺术	20分	吐字清晰，声音洪亮，语速适当，表达流畅。 语气、语调、声音、节奏富于变化，注意轻重缓急、抑扬顿挫，切合演讲内容。 形体语言自然得当，能准确地配合演讲内容				
形象气质	20分	仪表端庄，举止得体，感情充沛，体现朝气蓬勃的精神风貌				
时间掌控	5分	时间控制在5~7分钟				
总分	100分					

自我反思

在活动参与过程中，你有什么收获和体会呢？还有什么不足之处需要整改？把你的想法记录下来。

项目四　吟春天故事　颂美好时代

实践目的

本堂课让同学们深度挖掘有关改革开放、市场经济、“一国两制”等邓小平理论相关背景下创作的歌曲、诗歌、小品，并通过演唱、朗诵、表演等形式展现出来，使同学们深刻了解到中国特色社会主义理论中的改革开放、市场经济、“一国两制”等问题的解决关键在党以及邓小平理论的历史地位，从而树立民族自信和建立爱国情怀，自觉为建设国家贡献自己应尽的力量。

理论依据

第五章　第二节　邓小平理论主要内容6～10

　　　　第三节　邓小平理论的历史地位

实践形式

歌咏会。

实践要求

1. 表演时间：根据节目情况而定。
2. 形式要求：脱稿、表演形式不限（根据授课内容自由选择）。
3. 表演要求：表演中要加入创作背景，内容紧扣时代主题，积极向上。表演者要在表演前说明选自哪个专题、什么时代等。
4. 内容提示：结合课程所学内容，围绕改革开放的变迁、市场经济的发展以及“一国两制”的实践等话题展开。

实践流程

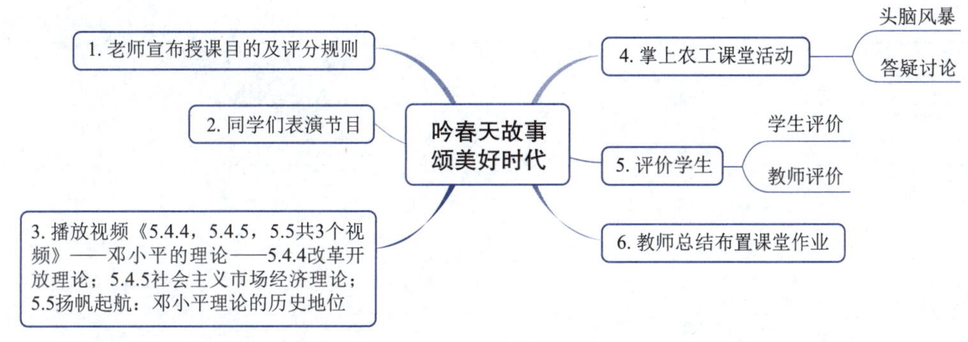

成果展示

亲爱的同学们，我们生活在美好的时代，中国飞速发展，人民幸福安康，改革开放四十多年成就斐然，请用当代青年才华横溢的表现力和独特的表达方式去演绎中国印记吧！

歌咏会	吟春天故事　颂美好时代		
姓名		班级学号	

吟春天故事　颂美好时代

活动评价

1. 歌曲

1	思想性强、健康向上、符合活动主题	
2	咬字清楚，音色统一，气息流畅，声音优美	
3	表现力强，理解歌曲内涵	
4	形式新颖，富有创意，能与观众产生共鸣	
5	衣着得体，表情自然，歌曲连贯、自如、完整	
	总　　分	

说明：满分10分，每项满分2分，起平分1.4分，可精确到小数点后两位数字。

2. 诗朗诵

1	符合本次大赛要求，主题鲜明，内容积极向上，思想性强	
2	朗诵熟练，声音洪亮、优美、清晰，最好能够脱稿	
3	形式新颖，富有创意，配以适当伴舞或配乐，或以其他形式展示	
4	感情充沛，韵律明显，能通过表情的变化准确把握作品内涵与格调	
5	精神饱满，自然大方，出入有序有礼，衣着得体，能与观众产生共鸣	
	总　　分	

说明：满分10分，每项满分2分，起平分1.4分，可精确到小数点后两位数字。

3. 小合唱

1	思想性强，健康向上，符合活动主题	
2	表现力强，理解歌曲内涵	
3	声音整齐洪亮，吐字清晰，发音准确，有感染力	
4	演唱形式丰富，具有一定的艺术技巧，音乐表现完整	
5	遵守赛场纪律，进出有序，着装整齐，台风良好	
	总　　分	

说明：满分10分，每项满分2分，起平分1.4分，可精确到小数点后两位数字。

4. 小品

1	主题鲜明，能体现思想道德修养的相关内容，立意新颖	
2	表演富有艺术性，情绪饱满，有感染力，能引发思考	
3	服装、道具准备充分，符合角色身份，真实合理	
4	表演连贯，衔接紧凑，剧情逻辑线索清晰明了，有高潮	
5	整体效果好，组织有序，团队配合默契，无失误	
	总　　分	

说明：满分10分，每项满分2分，起平分1.4分，可精确到小数点后两位数字。

自我反思

在活动参与过程中，你有什么收获和体会呢？还有什么不足之处需要整改？把你的想法记录下来。

项目五　与时俱进　砥砺前行

实践目的

通过短视频制作的形式，使同学们了解“三个代表”重要思想的形成过程、主要内容及历史地位，帮助同学们正确理解“三个代表”重要思想的核心观点，为树立中国特色社会主义理论的理论自信，为努力建设中国特色社会主义和实现中华民族的伟大复兴，奠定良好的理论基石。

理论依据

第六章　“三个代表”重要思想

实践形式

短视频。

实践要求

1. 视频时间：5 ~ 7分钟。

2. 形式要求：视频内容紧扣主题，视频中建议插入主讲人的讲课视频和PPT课件。提倡新颖的视听表现形式。

3. 作品格式：要求片头展示主题，使用高清摄影工具，MP4格式，视频画面不抖动、不倾斜，不低于750 × 576像素。视频时间为5 ~ 7分钟，上交文件以作品名+年级+班级+姓名命名。语言表达准确、流畅、自然，符合演讲的语言习惯和特点。

4. 内容提示：结合课程所学内容，围绕“9 · 11”事件始末、“科索沃”战争的过程及原因、为了实现理想我将如何努力、世纪交替之际信息技术和生命科学的发展、“WTO”的由来、“滕王阁下罪恶”、“三高”官员落马记、中国抗洪往事：九八年的记忆、《为了谁》歌曲诞生记等话题展开。

实践流程

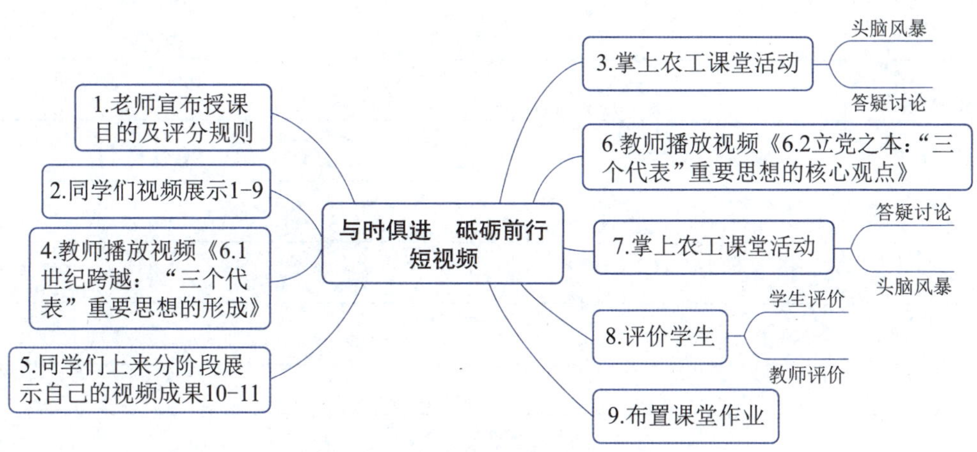

成果展示

亲爱的同学们，在我们制作视频的过程中，你一定会感受到背后的波澜壮阔，请将他们用你的墨笔描述出来，用心去感悟！

短视频	与时俱进　砥砺前行		
姓名		班级学号	
与时俱进　砥砺前行			

活动评价

评比内容	分值	具体要求	得分			
			教师评价	小组评价	学生评价	合计
视频内容	50分	主题鲜明，观点正确，思想性强。 语言流畅，富有真情实感。 论证充分，逻辑严谨，说服力强。 形式丰富，创新性强，辅助效果明显				
视频效果	40分	视频画面清晰流畅，声音清楚，解说吐字清晰，声音洪亮，语速适当，表达流畅				
时间掌控	10分	演讲时间控制在5～7分钟				
总分	100分					

自我反思

在活动参与过程中，你有什么收获和体会呢？还有什么不足之处需要整改？把你的想法记录下来。

项目六 “思辨青春 辩出自我”主题辩论赛

实践目的

结合落实科学发展观的主题，通过辩论的形式，明确工业文明以后，人类社会片面追求物质财富增长，造成人与自然相冲突、人与社会片面发展，工业文明难以为继。全面、协调、可持续发展的理念旨在修复人与自然、人与人之间的关系，最终走向经济与自然协调互动、持续发展的“绿色文明”，形成生态文明。本着“公平竞争，力争第一”的精神，丰富同学们的课上活动，活跃同学们的拓思想，体现同学们朝气蓬勃、积极向上的精神状态，培养和发掘辩论人才，提高同学们的阅读、写作、试听、演讲和其他能力，增强团队的组织和协作能力。

理论依据

第七章 第二节 科学发展观的科学内涵和主要内容

实践形式

辩论。

实践要求

1. 赛制形式：四对四团体辩论赛。

2. 赛制程序：辩论赛开始，宣布辩题；介绍参赛代表队及所持立场，介绍参赛队员；介绍评委及点评嘉宾；辩论比赛；观众自由提问；评委及点评嘉宾评析发言；宣布比赛结果，辩论赛结束。

3. 赛制要求：语言表达准确、流畅、自然，符合演讲的语言习惯和特点；内容紧扣主题，积极向上。

4. 内容提示：结合第七章科学发展观所学内容，围绕“经济发展与环境保护应何者为先”这一中心话题展开。

在辩论过程中，可以结合教材，也可以引用典型事件、数据和名人名言来佐证自己的论述或驳斥对方的陈词。

实践流程

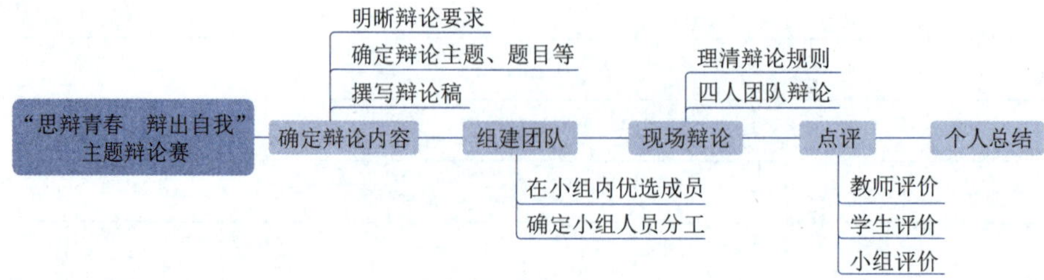

【小贴士】

辩论技巧

1. 解析题目。如果不能准确地理解题目，比赛就已经输了一半。请用工具书将辩论题目中的每一个词每一个字的定义都查得清清楚楚，准确地理解题目的含义。辩论是文字游戏，任何时候都不要忽略这个步骤。

2. 初步讨论，发散思维，解析辩题背后的意义。队友间互相交流自己的初步想法，了解辩题的社会影响，明确一个大概的辩论方向。

3. 查阅资料，写出初稿。通过查阅文献资料，每个队友都写出两份正反双方的辩论稿，写稿的时候切勿预设立场。

4. 深度讨论。在查阅资料后，所有人都会对辩题产生更加深入的理解，再度互相交流，结合所有队友的初稿，完成最终的辩论稿。

5. 扮演正反双方以及评委进行攻防演练。知己知彼，百战百胜。揣测对手的想法是一门非常重要的功课。切记不可缺少对评委或观众想法的揣测，胜负的关键最终取决于评委的观感，这是很多人都会忽略的。

6. 查漏补缺。

根据演练结果进行最后的修改，在模拟演练后，可能会暴露队伍存在的问题，这时应进行必要的调整，以此达到最佳效果。

7. 战术。设置战术。比赛中战术是决定胜负非常重要的因素。在有限的时间里，决定攻击的优先顺序和辩论重点，重点攻击对方哪一个人(哪个人容易冲动)，都是非常有效的战术。

8. 心态。

当所有准备工作已经完毕，剩下的只需一个最佳的比赛心态。调整心态，等待比赛开始。

成果展示

学生辩论结束后，教师以各小组为单位，组织学生每人写一篇500字左右的心得体会。

活动时间		活动地点	
专业班级			
小组成员			
辩论主题			
心得体会			
指导教师 评价			

活动评价

团体评分表（100分）			
评比内容	具体要求	得分	
		正方	反方
开篇立论（10分）	1．逻辑清晰，言简意赅，论点明晰，分析透彻。 2．论据内容丰富，引用资料充分恰当、准确。 3．分析的角度和层次具有说服力和层次性。 4．语言表达流畅、有文采		
攻辩（20分）	1．表达清晰，论证合理而有力。 2．回答问题精准，处理问题有技巧（攻、守、避合理）。 3．推理过程合乎逻辑，事实引用得当		
攻辩小结（10分）	1．全面归纳对方的矛盾、差错，并作系统的反驳和攻击。 2．辩护有理有据有力，说服力强		
自由辩论（25分）	1．攻防转换有序，把握论辩主动权。 2．针对对方的论点、论据进行有力反驳。 3．语言表达清晰流畅，事实应用得当		
总结陈词（15分）	1．全面总结本方的立场、论证，系统反驳对方的进攻，为本方辩护。 2．语言表达具有说服力和逻辑性		
观众提问（10分）	辩驳有理有据有力，说服力强，紧密贴合本方观点		
团队配合及临场反应（10分）	整体形象、辩风、整体配合、语言运用、临场反应（语言、风度、举止、表情）；有团队精神，互相支持；论辩衔接流畅，反应敏捷，应对能力强；问答形成一个有机整体		
团体总分			

个人评分表（100分）									
	评分标准	正方				反方			
		一辩	二辩	三辩	四辩	一辩	二辩	三辩	四辩
语言表达（20分）	1．普通话标准，语速适中。 2．口头语言与肢体语言和谐。 3．修辞得当，表达合理。 4．表达流畅，说理透彻								
逻辑推理（20分）	1．逻辑推理过程清晰。 2．论证结果合理、有力								

续表

个人评分表（100分）									
	评分标准	正方				反方			
		一辩	二辩	三辩	四辩	一辩	二辩	三辩	四辩
辩别能力（20分）	1. 提问简明扼要，设问针对线强。 2. 回答问题精准，处理问题有技巧。 3. 反驳有理有据，引用实例恰当								
临场反应（15分）	1. 反应敏捷，用语得体。 2. 技巧多元得当								
整体意识（15分）	1. 分工合理，协调一致。 2. 衔接有序，互为攻守。 3. 自由辩论思路清晰，气氛调节有度								
综合印象（10分）	1. 仪态端庄，着装合理。 2. 台风、辩风良好，有风度及幽默感。 3. 尊重对方辩友、评委和观众								
个人总分									

自我反思

在活动参与过程中，你有什么收获和体会呢？还有什么不足之处需要整改？把你的想法记录下来。

拓展资料

推荐阅读：

[1]伊文思．邓小平传[M]．田山，译．北京：国际文化出版公司，2013.
[2]邓小平思想生平研究会．精神的力量：改革开放中的邓小平[M]．北京：商务印书馆，2019.
[3]库恩．他改变了中国：江泽民传[M]．谈峥，于海江，等译．上海：上海译文出版社，2005.
[4]毛胜．三个代表重要思想研究资料[M]．北京：中央文献出版社，2015.
[5]胡锦涛．把科学发展观贯穿于发展的整个过程和各个方面[M]//胡锦涛．胡锦涛文选：第2卷．北京：人民出版社，2016.

精品资料：

微视频：《“三个代表”重要思想》。

第三单元
强起来

领导我们事业的核心力量是中国共产党，指导我们思想的理论基础是马克思列宁主义。

——毛泽东

新时代是奋斗的时代。

——习近平

实现中华民族伟大复兴的中国梦，就是要实现国家富强、民族振兴、人民幸福。

——习近平

中国特色社会主义事业总体布局是“五位一体”，战略布局是“四个全面”，坚定道路自信、理论自信、制度自信、文化自信。

——习近平

推进强军事业，必须始终聚焦备战打仗，锻造召之即来、来之能战、战之必胜的精兵劲旅。安不可以忘危，治不可以忘乱。

——习近平

项目一　新思想·我来说

实践目的

通过演讲的形式，引导大学生深入领会习近平新时代中国特色社会主义思想的重大意义、精神实质、丰富内涵和实践要求，深化对习近平新时代中国特色社会主义思想教学重点、难点问题的理解和掌握，延伸拓展实践教学，巩固思想政治理论课学习效果。引导学生深刻把握贯穿其中的坚定的信仰信念、鲜明的人民立场、强烈的历史担当、勇于创新的精神以及科学方法论。紧密联系新时代中国特色社会主义的生动实践，在知行合一、学以致用上下功夫，增强学生为实现中华民族伟大复兴的中国梦而奋斗的责任意识与使命担当。

理论依据

第八章　第一节　习近平新时代中国特色社会主义思想创立的社会历史条件

实践形式

演讲。

实践要求

1．演讲时间：3～5分钟。

2．形式要求：脱稿演讲。

3．语言表达：语言表达准确、流畅、自然，符合演讲的语言习惯和特点。

4．内容要求：内容紧扣主题，积极向上。

5．内容提示：结合课程所学内容、个人成长实际、家乡新变化新发展和习近平新时代中国特色社会主义思想在龙江大地上的实践，讲述作为时代新人学习习近平新时代中国特色社会主义思想的深刻感悟和学习收获，生动展现大学生学习习近平新时代中国特色社会主义思想的理论成果和实践成果。

演讲要聚焦习近平新时代中国特色社会主义思想，主题鲜明，语言通俗易懂，形象生动，讲稿字数在1 300字左右。

实践流程

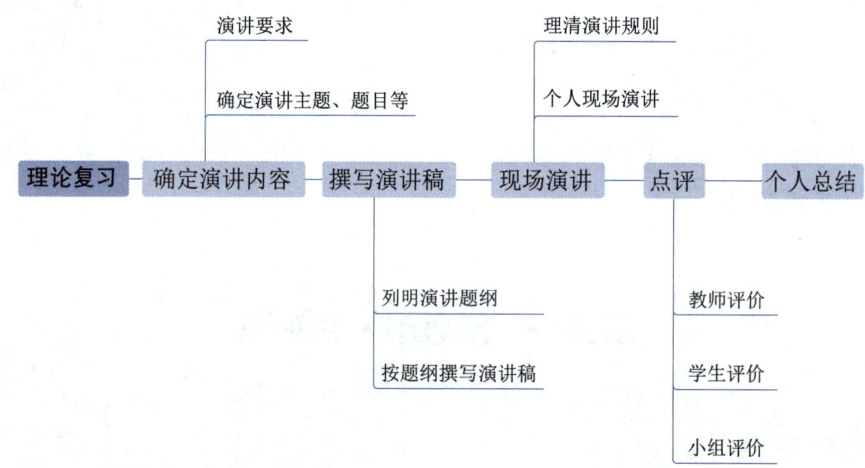

成果展示

演讲主题	新思想 · 我来说				
姓名		班级		学号	

活动评价

评比内容	分值	具体要求	得分			
			教师评价	小组评价	学生评价	合计
演讲内容	55分	主题鲜明，观点正确，思想性强。 格调积极，语言流畅，富有真情实感。 论证充分，逻辑严谨，说服力强。 形式丰富，创新性强，辅助效果明显				
演讲艺术	20分	吐字清晰，声音洪亮，语速适当，表达流畅。 语气、语调、声音、节奏富于变化，注意轻重缓急、抑扬顿挫，切合演讲内容。 形体语言自然得当，能准确地配合演讲内容				
演讲气质	20分	仪表端庄，举止得体，感情充沛，体现朝气蓬勃的精神风貌				
时间掌控	5分	演讲时间控制在3～5分钟				
总分	100分					

自我反思

在活动参与过程中，你有什么收获和体会呢？还有什么不足之处需要整改？把你的想法记录下来。

项目二　读治国经典　做强国青年

实践目的

增强学生对中国特色社会主义持有的道路自信、理论自信、制度自信、文化自信,立志肩负起民族复兴的时代重任，引领当代大学生健康成长、向上向善，进一步激发他们的爱国之情、强国之志和报国之行，扩大反映党执政理念的经典著作的影响力和覆盖面，让广大学生深入汲取红色经典著作中包含着的精神营养，砥砺当代大学生自觉成长成才，激励当代大学生开拓进取，再创辉煌。

理论依据

第八章　第二节　习近平新时代中国特色社会主义思想的科学体系

实践形式

以个人诵读和集体诵读为主，允许穿插PPT、背景配乐等。

实践要求

1. 发言时间：5~6分钟。
2. 精神面貌：仪容仪态大方得体，体现良好风貌。
3. 语言表达：吐字清晰，普通话标准，具备较强的演讲能力。
4. 内容提示：在《习近平关于全面深化改革论述摘编》《习近平谈治国理政》《习近平关于全面依法治国论述摘编》等书中，自选经典篇目，所选篇目必须紧扣实践目的，朗读后要用不少于1分钟的时间，分享个人对党执政理念的理解与感悟。

实践流程

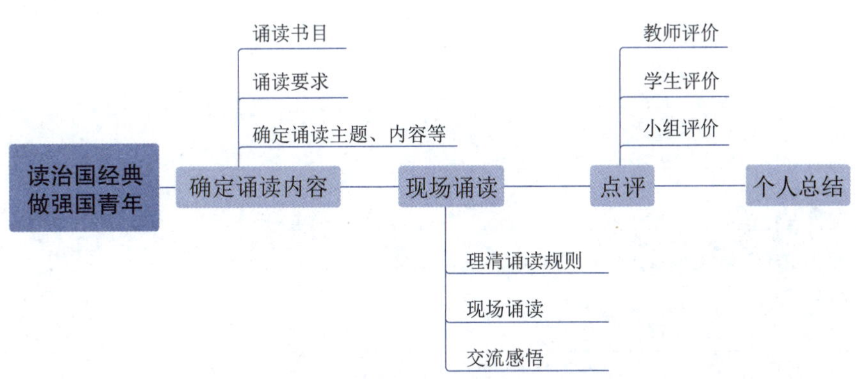

成果展示

漫谈	读治国经典 做强国青年				
姓名		班级		学号	

活动评价

评比内容	分值	具体要求	得分			
			教师评价	小组评价	学生评价	合计
理论诵读	35分	主题鲜明，观点正确，思想性强。 格调积极，语言流畅，富有真情实感。 语气、语调、语速与朗诵内容相协调，表达顺畅，感情真挚，富有韵味和感染力。 节奏处理得当，朗诵技巧运用自如。 形体语言自然得当，能准确地配合诵读内容				
感悟分享	40分	能够对诵读内容深入理解，掌握习近平治国理政新思想，进一步增强“四个意识”、坚定“四个自信”、做到“两个维护”。学深悟透、融会贯通，用党的创新理论武装头脑，指导自己的学习和日常生活				
现场仪态	20分	仪表端庄，举止得体，感情充沛，体现朝气蓬勃的精神风貌				
时间掌控	5分	演讲时间控制在5～6分钟				
总分	100分					

自我反思

在活动参与过程中，你有什么收获和体会呢？还有什么不足之处需要整改？把你的想法记录下来。

项目三　观看纪录片《百年潮 · 中国梦》

实践目的

观看纪录片《百年潮 · 中国梦》，从百年追梦、中国道路、中国精神、中国力量、筑梦天下共五个层面，帮助学生从多维度理解“中国梦”的历史成因和时代内涵。《百年潮 · 中国梦》是一部追思历史、观照当下、憧憬美好未来的大型电视政论片，它告诉人们：“中国梦”连接着过去与现在、历史与未来，连接着国家与个人、中国与世界，通过观看影片，引发全体学生的爱国情怀，传导出14亿多中国人民为实现中华民族伟大复兴而迸发的正能量。

理论依据

第九章　第一节　实现中华民族伟大复兴的中国梦

实践形式

观看纪录片。

实践要求

1. 教师将全班学生分组，每组7 ~ 10人。
2. 教师对将要组织学生观看的视频做适当的背景介绍，学生自主观看。
3. 教师对学生的观后感进行点评总结，并把观后感的成绩情况计入期末考评成绩。

实践流程

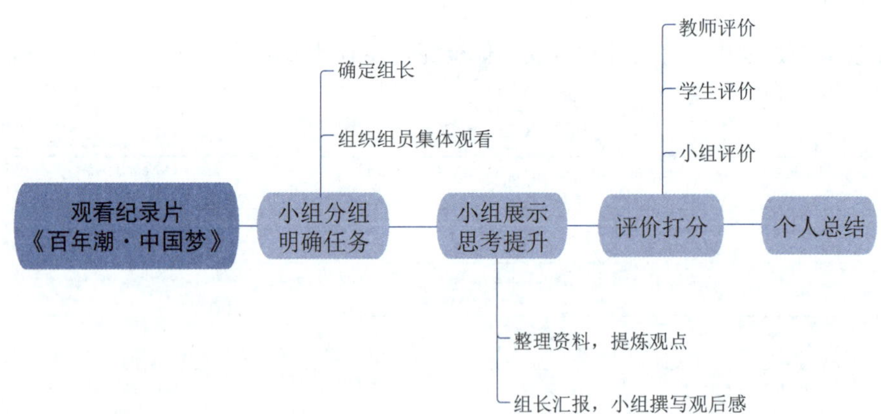

成果展示

学生观看结束后，教师以各小组为单位，组织学生每人写一篇500字左右的观后感。

<table>
<tr><td>专业班级</td><td></td><td>学号</td><td></td><td>姓名</td><td></td></tr>
<tr><td>视频资料名称</td><td colspan="5">《百年潮·中国梦》</td></tr>
<tr><td>观看时间</td><td colspan="2"></td><td>观看地点</td><td colspan="2"></td></tr>
<tr><td>主要内容</td><td colspan="5"></td></tr>
<tr><td>观后感</td><td colspan="5"></td></tr>
<tr><td>指导教师
评价</td><td colspan="5"></td></tr>
</table>

活动评价

总分（100分）	很好	好	一般	差	很差
观看内容介绍（20分）	十分准确、清晰、简洁、概括地介绍了所观看的内容，字数不少于100字（17~20分）	准确、清晰、简洁、概括地介绍了所观看的内容，字数不少于100字（13~16分）	较准确、概括地介绍了所观看的内容，字数不少于100字（9~12分）	介绍了所观看的内容，但不清晰、不全面、不准确，字数少于100字（5~8分）	没有介绍所观看的内容，或者不知所云，字数少于100字（1~4分）
我的理解和认识（50分）	十分详细、清晰、具体地介绍了自己对所观看电影的理解，并针对电影内容的质疑，给出了非常实际的案例或数据做支撑；十分详细、具体、清晰地比较了自己在观看电影前后认识上的差异，并给出了至少三个实质性的例子做说明，字数不少于200字（41~50分）	详细、清晰、具体地介绍了自己对所观看电影的理解，并针对电影内容的质疑，给出了实际案例做支撑；详细、具体、清晰地比较了自己在观看电影前后认识上的差异，并给出了至少两个实质性的例子做说明，字数不少于200字（31~40分）	较详细、清晰、具体地介绍了自己对所观看电影的理解，并针对电影内容的质疑，给出了较实际的案例做支撑；较详细、具体、清晰地比较了自己在观看电影前后认识上的差异，并给出了至少一个实质性的案例做说明，字数不少于200字（21~30分）	简单介绍了自己对所观看电影的理解，并针对电影内容的质疑，杜撰了案例做支撑；比较自己在观看电影前后认识上的差异，没有提供实质性的案例做说明，字数少于100字（11~20分）	编撰了自己对所观看电影的理解，针对电影内容的质疑，没有给出案例做支撑；几乎没有比较自己在观看电影前后认识上的差异，没有提供实质性的案例做说明，字数少于100字（1~10分）
对我的影响（30分）	十分清晰、具体地总结了自己在观看电影后认识上的改变，并列出了至少五个实例，说明自己由于认识上的变化而引发的行为的改变或准备在某些行为上进行改变，字数不少于100字（25~30分）	清晰、具体地总结了自己在观看电影后认识上的改变，并列出了至少三个实例，说明自己由于认识上的变化而引发的行为的改变或准备在某些行为上进行改变，字数不少于100字（19~24分）	较清晰、具体地总结了自己在观看电影后认识上的改变，并列出了至少一个实例，说明自己由于认识上的变化而引发的行为的改变或准备在某些行为上进行改变，字数不少于100字（13~18分）	简单总结了自己在观看电影后认识上的改变，简单给出了一个实例，说明自己由于认识上的变化而引发的行为的改变或准备在某些行为上进行改变，字数少于100字（7~12分）	没有总结自己在观看电影后认识上的改变，简单给出了一个实例，但不知所云，字数少于100字（1~6分）

自我反思

在活动参与过程中，你有什么收获和体会呢？还有什么不足之处需要整改？把你的想法记录下来。

项目四　主题演讲——匠心铸匠人　创新永奋斗

实践目的

通过演讲的形式，讲述创新故事，诠释创新内涵，明确创新意义，进而理解创新何以成为五大新发展理念之首。

理论依据

第十章　第一节　实现经济高质量发展

实践形式

演讲。

实践要求

1. 演讲时间：3～5分钟。
2. 形式要求：脱稿演讲。
3. 语言表达：语言表达准确、流畅、自然，符合演讲的语言习惯和特点。
3. 内容要求：内容紧扣主题，积极向上。
4. 内容提示：结合课程所学内容，结合专业，围绕“创新”这一中心话题展开，具体包括以下三部分：

（1）何谓“创新”；

（2）创新的意义；

（3）如何创新。

5. 录制演讲视频上传课程平台。

实践流程

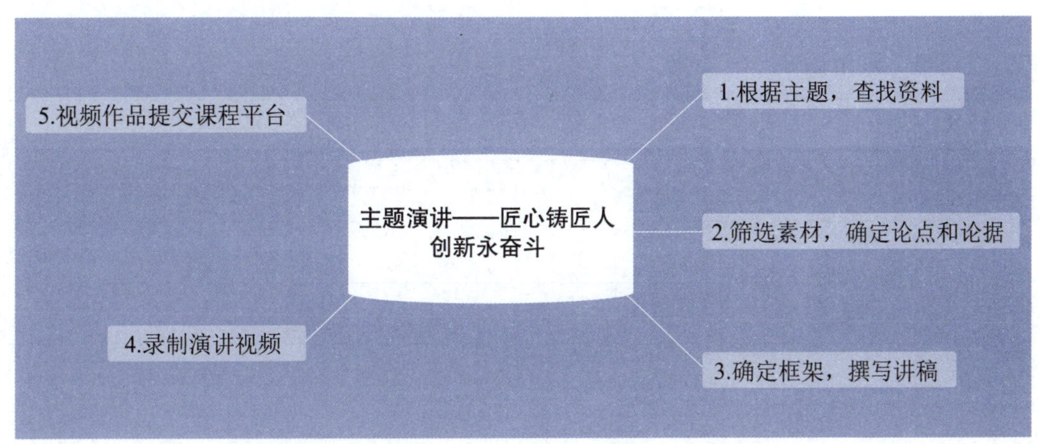

成果展示

演讲	匠心铸匠人　创新永奋斗		
姓名		班级学号	

演讲稿

活动评价

评比内容	分值	具体要求	得分			
			教师评价	小组评价	学生评价	合计
演讲内容	55分	主题鲜明，观点正确，思想性强。 格调积极，语言流畅，富有真情实感。 论证充分，逻辑严谨，说服力强。 形式丰富，创新性强，辅助效果明显				
演讲艺术	20分	吐字清晰，声音洪亮，语速适当，表达流畅。 语气、语调、声音、节奏富于变化，注意轻重缓急、抑扬顿挫，切合演讲内容。 形体语言自然得当，能准确地配合演讲内容				
演讲气质	20分	仪表端庄，举止得体，感情充沛，体现朝气蓬勃的精神风貌				
时间掌控	5分	演讲时间控制在3～5分钟				
总分	100分					

自我反思

在活动参与过程中，你有什么收获和体会呢？还有什么不足之处需要整改？把你的想法记录下来。

项目五　模拟演练——领悟人民当家做主真谛

实践目的

通过模拟协商民主的过程，认识中国政治制度的独特之处，感受人民当家做主制度，坚定制度自信。

理论依据

第十章　第二节　发展社会主义民主政治

实践形式

模拟演练。

实践要求

1. 完成时间：布置作业后一周内。
2. 形式要求：模拟协商民主。课上45分钟进行模拟。
3. 教师根据专业确定不同的协商民主主题，课前布置给学生。
4. 教师担任主持人，充分发挥教师主导作用，充分发挥学生主体作用。
5. 在课程平台提交任务完成过程的短视频。
6. 根据主题，分组进行调研，形成议案，准备发言。

实践流程

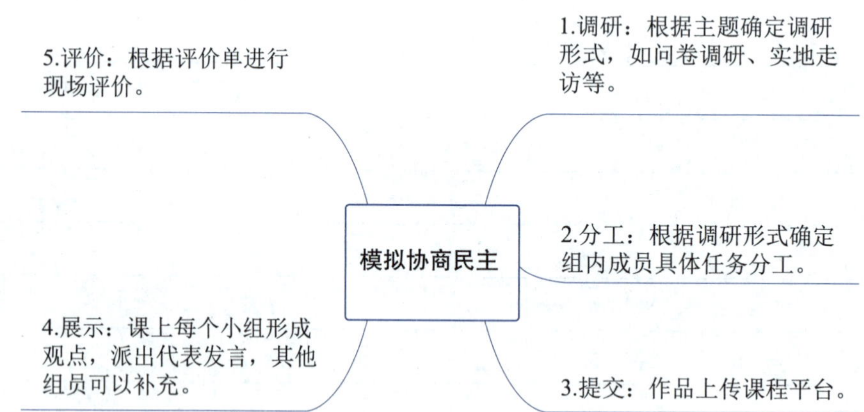

成果展示

实践项目	模拟协商民主		
姓名		班级学号	
协商主题			
调研形式			
调研对象			
调研过程			
调研结果			
通过调研，关于这个问题我的意见是：			

活动评价

评比内容	分值	具体要求	得分			
			教师评价	小组评价	学生评价	合计
汇报发言	50分	主题鲜明，思路清晰、表达流畅，感情充沛，仪表端庄。 汇报准备充分，富有新意，能够表达出访谈过程和访谈收获				
调研视频	20分	画面清晰，布局合理，剪辑恰当，制作精良				
团队合作	25分	分工明确、积极主动、善于倾听、相互补充、高效执行				
时间掌控	5分	时间控制在10分钟以内				
总分	100分					

自我反思

在活动参与过程中，你有什么收获和体会呢？还有什么不足之处需要整改？把你的想法记录下来。

项目六　人物访谈——走进工匠的世界

实践目的

通过访谈行业前辈、技能大师、专业名师、优秀校友等，总结访谈人物身上的优秀品格，深化对工匠精神的理解，在实际的专业学习中以他们为榜样，培养爱岗敬业的价值追求。

理论依据

第十章　第三节　建设社会主义文化强国

实践形式

人物访谈。

实践要求

1．访谈时间：布置作业后一周之内。

2．形式要求：课上分组汇报10分钟，并在课程平台提交访谈视频。

3．内容提示：结合第十章第三节知识点："培育和践行社会主义核心价值观——敬业"这一内容，围绕"工匠精神"这一中心话题展开，具体包括以下三部分：

（1）结合访谈人物职业历程，分享他们的职业故事，听取他们对工匠精神的理解。

（2）提炼总结访谈人物在事业上取得成功的品质。

（3）谈一谈自己对"工匠精神"的感悟，对专业学习、职业发展的启发。

实践流程

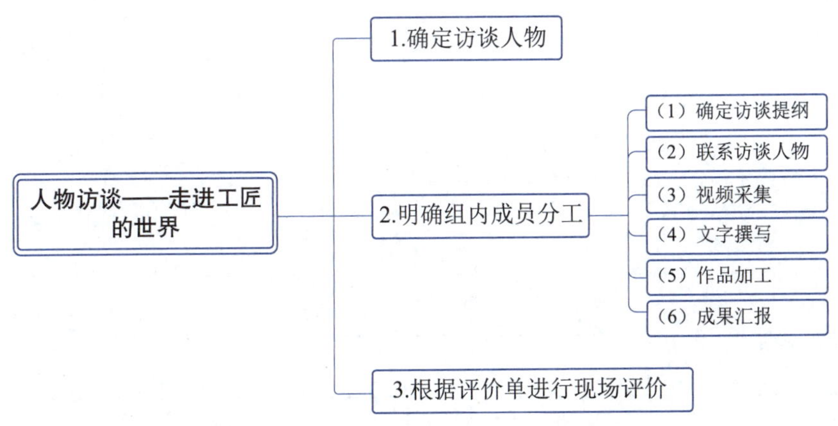

成果展示

<table>
<tr><td>实践项目</td><td colspan="3">人物访谈——走进工匠的世界</td></tr>
<tr><td>姓名</td><td></td><td>班级学号</td><td></td></tr>
<tr><td>访谈对象</td><td colspan="3"></td></tr>
<tr><td>访谈形式</td><td colspan="3"></td></tr>
<tr><td colspan="4">访谈提纲：</td></tr>
<tr><td colspan="4">访谈感悟：</td></tr>
</table>

活动评价

评比内容	分值	具体要求	得分			
			教师评价	小组评价	学生评价	合计
汇报效果	50分	主题鲜明，思路清晰、表达流畅，感情充沛，仪表端庄。 汇报准备充分，富有新意，能够表达出访谈过程和访谈收获				
访谈视频	20分	画面清晰，布局合理，剪辑恰当，制作精良				
团队合作	25分	分工明确、积极主动、善于倾听、相互补充、高效执行				
时间掌控	5分	时间控制在10分钟以内				
总分	100分					

自我反思

在活动参与过程中，你有什么收获和体会呢？还有什么不足之处需要整改？把你的想法记录下来。

项目七　配乐朗诵——民生巨变

实践目的

通过分组朗诵，感受我国社会发展的沧桑巨变和百姓生活的巨大变迁，感受中国人民为幸福生活而不懈奋斗的动人故事，进一步深化对和谐社会本质和内涵的认知。

理论依据

第十章　第四节　加强以民生为重点的社会建设

实践形式

配乐朗诵。

实践要求

1．朗诵时间：10分钟。

2．形式要求：配乐朗诵。

3．内容紧扣主题，积极向上。

4．内容提示：结合课程所学内容和专业，围绕“民生”这一中心话题展开，具体包括教育、就业、社会保障、医疗、社会治理等方面，确定朗诵主题。

5．录制演讲视频上传课程平台。

实践流程

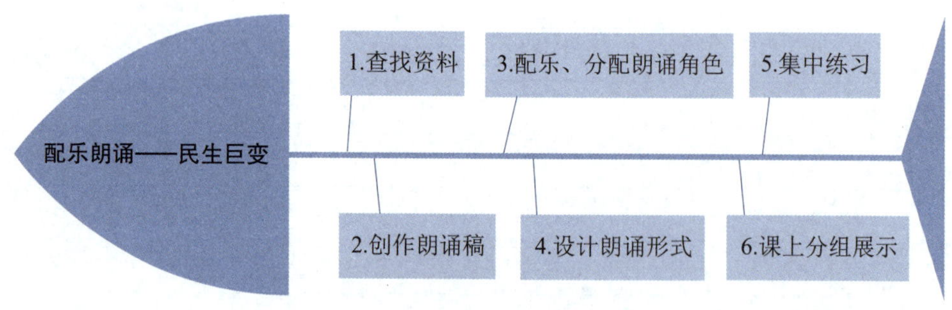

成果展示

实践项目	配乐朗诵——民生巨变		
活动主题			
姓名		班级学号	

活动评价

评比内容	分值	具体要求	得分			
			教师评价	小组评价	学生评价	合计
朗诵内容	15分	主题恰当，观点正确，思想性强。充分讴歌改革开放以来我国民生建设取得的巨大成就				
仪表形象	20分	服饰大方、自然、整齐，举止从容端正，精神饱满，态度亲切				
朗诵艺术	25分	发音标准，吐字清晰，声音节奏富于变化，舒心悦耳，娓娓动听。 姿态、动作、手势、表情能准确、鲜明、形象地表达朗诵的内容和思想感情				
朗诵效果	20分	朗诵有感染力，声情并茂，朗诵富有韵味和表现力，能与观众产生共鸣				
时间掌控	10分	10分钟以内，进退场有序				
朗诵创意	10分	配以合适的音乐、队形变化、动作甚至舞蹈，或其他创意形式				
总分	100分					

自我反思

在活动参与过程中，你有什么收获和体会呢？还有什么不足之处需要整改？把你的想法记录下来。

项目八　社会实践——美丽中国　青春行动

实践目的

通过环保宣讲、光盘行动、低碳生活、环境调研等亲身实践，体验人与自然相和谐的生态理念，养成节约资源、保护环境意识，从自己做起、从生活出发，为美丽中国建设作出自己的贡献。

理论依据

第十章　第五节　建设美丽中国

实践形式

社会实践。

实践要求

1. 完成时间：布置作业后一周之内。
2. 形式要求：社会实践（以下形式仅供参考）。
（1）知识宣讲：垃圾分类知识、环保知识等。
（2）亲身践行：低碳生活、光盘行动、极简生活等。
（3）主题调研：松花江水质、湿地、黑土、空气、垃圾处理等情况。
（4）环保创意制作：太阳能垃圾桶等。
（5）其他形式：可结合专业，自主选择其他形式。
3. 课下完成，提交活动总结PPT。

实践流程

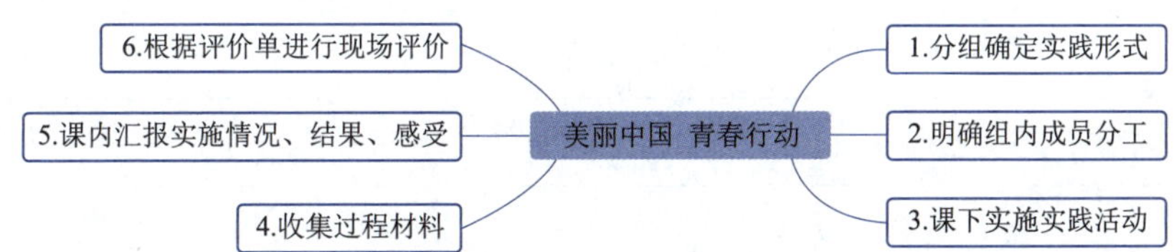

成果展示

<table>
<tr><td>实践项目</td><td colspan="3">美丽中国　青春行动</td></tr>
<tr><td>姓名</td><td></td><td>班级学号</td><td></td></tr>
<tr><td>实践形式</td><td colspan="3"></td></tr>
<tr><td>实践主题</td><td colspan="3"></td></tr>
<tr><td colspan="4">实践过程和结果：</td></tr>
<tr><td colspan="4">实践感悟：</td></tr>
</table>

活动评价

评比内容	分值	具体要求	得分			
			教师评价	小组评价	学生评价	合计
汇报展示	40分	主题鲜明，语言流畅，论证充分，表达清晰，仪表端正				
活动策划	20分	选题新颖，形式创新，服务专业，可操作				
团队合作	20分	分工明确、积极主动、善于倾听、配合默契、高效执行				
实践效果	20分	深化理论学习，服务专业学习，提升职业认知，具有社会意义				
总分	100分					

自我反思

在活动参与过程中，你有什么收获和体会呢？还有什么不足之处需要整改？把你的想法记录下来。

项目九　放歌新时代　礼赞小康社会

实践目的

指导学生紧紧围绕“放歌新时代　礼赞小康社会”主题，以近年来我国在工农业生产、城市建设、人民生活等方面的变化为主要内容，讲好全面建成小康社会的奋斗故事，突出展示民生成就。让大学生真切感受小康社会带来的巨大变化，教育引导青少年树立热爱家乡、建设家乡的朴素情怀，凝聚强大的青春正能量。

理论依据

第十一章　第一节　全面建设社会主义现代化国家

实践形式

现场作文。

实践要求

1. 体裁不限，题目自拟。

2. 选材真实，内容具体。

3. 化虚为实，以小见大。

4. 综合运用记叙、描写、抒情、议论等多种表达方式，语句力求流畅生动。

5. 内容提示：以党的十九大精神为指引；以颂扬习近平新时代中国特色社会主义思想在龙江的生动实践为主要内容，反映改革开放成果；以十八大以来龙江人民在经济、政治、文化、社会、生态文明建设和打赢脱贫攻坚战中取得的巨大成就及发生的生动故事为素材，描绘小康社会的美好愿景和龙江人民向往美好生活的不懈奋斗精神，抒发爱党爱国爱家乡的真情实感。

可参考内容：

（1）龙江人民在衣、食、住、行等方面的全面提高；

（2）重大惠民举措落地和龙江公共服务的改善；

（3）龙江文化体育生活繁荣给市民带来的精神享受；

（4）龙江人民参与社会建设带来的满满收获感；

（5）龙江发展给人们带来的人生机遇和展示舞台等。

6. 主题鲜明，语言通俗易懂、形象生动，字数在1 000字左右。优秀作品将通过校园微信公众号、校园广播等平台予以刊登、播放。

实践流程

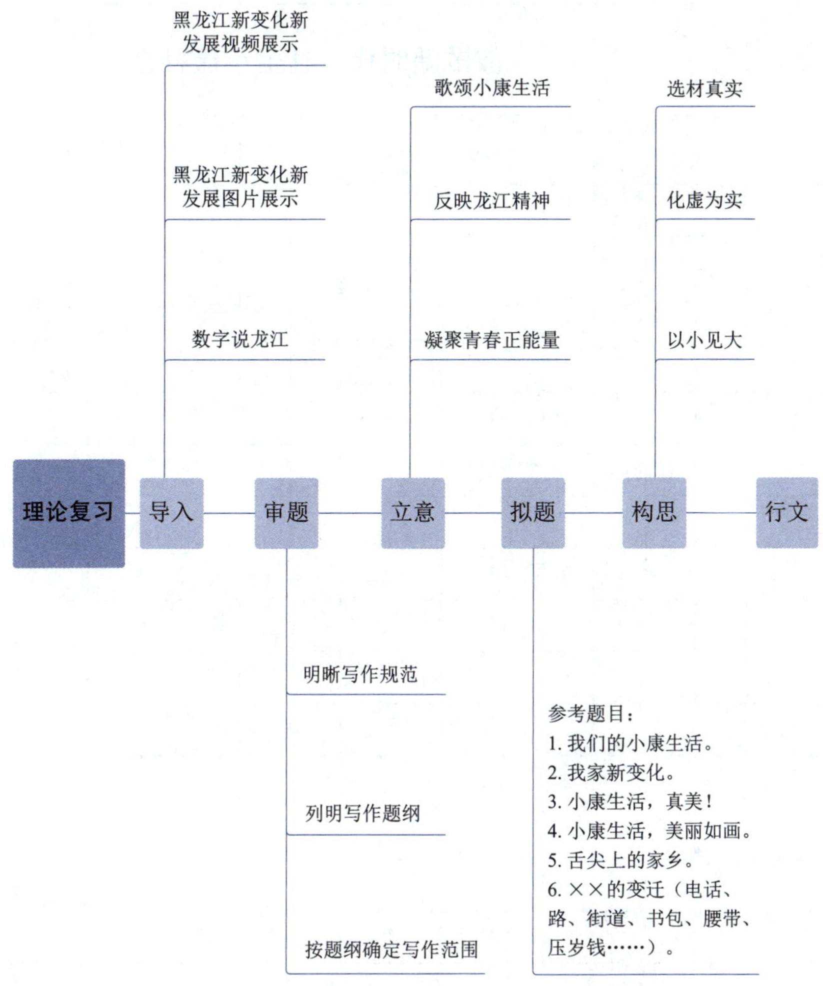

黑龙江新变化新发展视频展示
黑龙江新变化新发展图片展示
数字说龙江
歌颂小康生活
反映龙江精神
凝聚青春正能量
选材真实
化虚为实
以小见大
理论复习
导入
审题
立意
拟题
构思
行文
明晰写作规范
列明写作题纲
按题纲确定写作范围
参考题目：
1. 我们的小康生活。
2. 我家新变化。
3. 小康生活，真美！
4. 小康生活，美丽如画。
5. 舌尖上的家乡。
6. ××的变迁（电话、路、街道、书包、腰带、压岁钱……）。

成果展示

现场作文	放歌新时代　礼赞小康社会				
姓名		班级		学号	

活动评价

评比内容	分值	具体评分标准	得分			
			教师评价	小组评价	学生评价	合计
主题内容	20分	主题鲜明，具有思想价值和现实意义				
	10分	内容符合主题要求，富有启迪性和前瞻性				
	10分	感情真挚，标题醒目、新颖				
体裁结构	10分	文体明确，脉络清晰				
	5分	文章层次分明、结构合理				
	5分	布局严谨、完整、自然				
语言表达	10分	语言通顺流畅、符合逻辑				
	5分	写作技巧运用合理				
	5分	详略得当				
创新和亮点	10分	材料构思新鲜，见解独特				
	5分	文章架构具有独到之处				
	5分	文采洋溢				
总分	100分					

自我反思

在活动参与过程中，你有什么收获和体会呢？还有什么不足之处需要整改？把你的想法记录下来。

项目十　法眼看社会——模拟中国法制　体验社会法治

实践目的

围绕全面依法治国教学目标、教学内容，结合学生认识特点，科学创设课堂法律体验情境。学生通过情境活动的参与、学习、观察、反思，来理解中国法制特色，亲身体验我国司法机关工作机制和依法治国方略基本内涵，进而提升个人法治意识，形成法治思维，增强对社会主义法治的理性思考，塑造个人良好的职业操守，养成遵章守纪的自律行为习惯。

理论依据

第十一章　第三节　全面依法治国

实践形式

小组探究式教学。

实践要求

1. 按预设案例将班级成员分成3个小组，分别是公安小组、检察院小组、法院小组。

2. 浏览并学习《中华人民共和国刑事诉讼法》http://www.moj.gov.cn/Department/content/2019-01/16/592_226961.html（中华人民共和国司法中国政府法制信息网）。

3. 根据预学内容完成相应任务单。

4. 内容提示：通过课上对具体案件分组模拟实践与参与，体验我国司法机关及其他司法性组织的性质、任务、组织体系、组织与活动的原则以及工作制度等，如侦查制度、检察制度、审判制度等。

实践流程

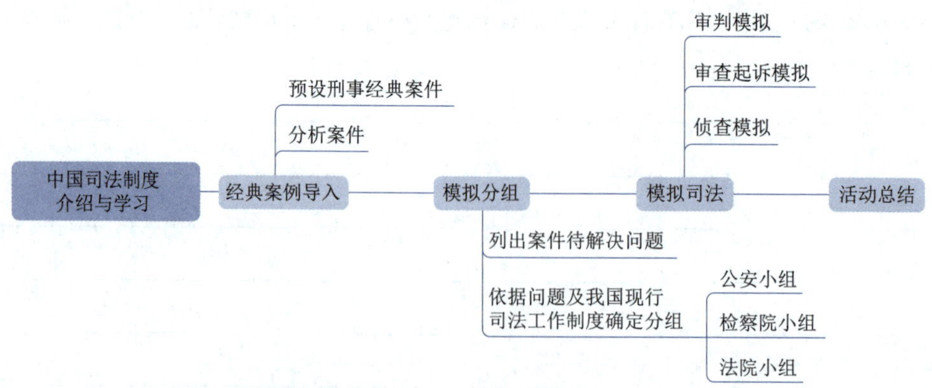

成果展示

小组探究	模拟中国法制 体验社会法治				
姓名		班级		学号	

公安小组任务单

任务名称	完成情况记实	完成人
接受案例		
审查		
立案		
侦查		
采取强制措施		
侦查终结		
移送审查		

检察院小组任务单

任务名称	完成情况记实	完成人
接受移送		
审查立案		
决定起诉		
出庭支持公诉		
审查判决		

法院小组任务单

任务名称		完成情况记实	完成人
庭前审查			
庭前准备			
法庭审判	开庭		
	法庭调查		
	法庭辩论		
	被告人最后陈述		
	评议、宣判		

活动评价

评比内容	分值	具体要求	得分			
			教师评价	小组评价	学生评价	合计
公安小组	40分	任务单填写完整，内容正确				
	60分	小组负责人能够结合案例与任务单填写情况进行准确阐述与说明				
总分	100分					

评比内容	分值	具体要求	得分			
			教师评价	小组评价	学生评价	合计
检察院小组	40分	任务单填写完整，内容正确				
	60分	小组负责人能够结合案例与任务单填写情况进行准确阐述与说明				
总分	100分					

评比内容	分值	具体要求	得分			
			教师评价	小组评价	学生评价	合计
法院小组	40分	任务单填写完整，内容正确				
	60分	小组负责人能够结合案例与任务单填写情况进行准确阐述与说明				
总分	100分					

自我反思

在活动参与过程中，你有什么收获和体会呢？还有什么不足之处需要整改？把你的想法记录下来。

项目十一　以案说法　筑牢防线——国家安全观

实践目的

通过案例分析，帮助学生们在面临环境多变的国际安全形势和西方资本主义国家的拜金主义、享乐主义思想时，能提高自己的国家安全意识，并坚决加以抵制，继续发扬中华民族艰苦朴素、努力奋斗的优良传统，矢志不渝地在党的领导下走中国特色社会主义道路，充分利用好在校宝贵的学习时间，努力学习科学文化知识，掌握更多的技能，提升自身的辨别能力，接受来自各方面的挑战，树立正确的人生观与价值观，为以后踏入社会做好准备。

理论依据

第十二章　第一节　坚持总体国家安全观

实践形式

案例分析。

实践要求

1. 教师将全班学生分组，每组7人，并安排组长一名，负责活动安排。
2. 学生小组选择案例，教师组织小组派代表进行发言，并撰写小组案例分析。

实践流程

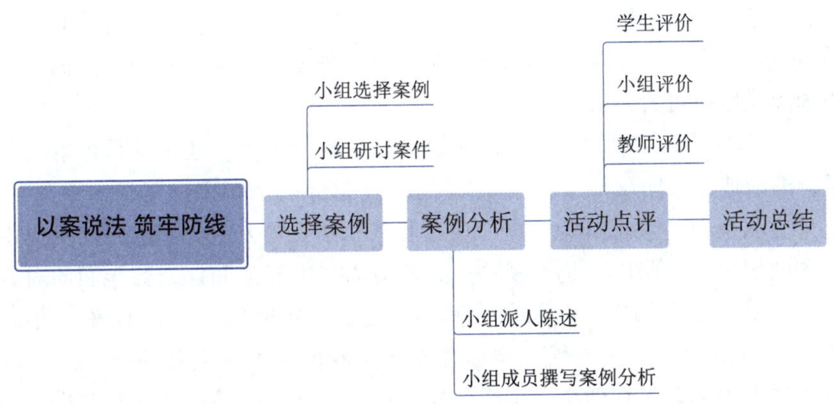

实践选题

案例一：陈伟间谍案

陈伟原为我国某军工科研院所下属公司的一名网络管理员。某日，陈伟在公司门口“偶遇”了一名自称彼得的外国人。彼得自称是一名技术专家，想购买一些技术资料，并许以高额报酬。在高额报酬诱惑下，陈伟凭借从事网络管理的工作便利和权限，窃取并向境外间谍情报机关提供了该科研院所文件共5 500多份，其中机密级146份、秘密级1 753份，以及其他大量内部文件。

2019年3月，北京市第二中级人民法院以间谍罪判处陈伟无期徒刑，剥夺政治权利终身。

案例二：景木为境外非法提供国家秘密案

景木是一名在青岛务工的青年，某日，其接到一个自称某杂志社编辑“李永田”打来的陌生电话，邀请景木给他们做兼职摄影师，拍一些周边海港的照片并许以报酬。为了赚取外快，景木便前往青岛某港口拍了几张船舶的照片发送给对方，对方如约支付600元报酬。在接下来的合作中，对方逐渐暴露“真容”，要求其拍摄军港、军舰等军事设施，景木已经意识到对方是间谍，然而在金钱诱惑下，依然采取非法穿越防护网、近距离拍摄等方式，先后拍摄军港大门、内部建筑物、公路、标牌、航母码头停泊、军港海域等军事敏感信息照片百余张、视频4段，获取报酬16 000余元。

2015年3月25日，青岛市中级人民法院以为境外非法提供国家秘密罪判处景木有期徒刑11年，剥夺政治权利3年，并处没收个人财产3万元人民币。

案例三：黄某某为境外刺探、非法提供国家秘密案

被告人黄某某通过QQ与一位境外人员结识，后多次按照对方要求到军港附近进行观测，采取望远镜观看、手机拍摄等方式，搜集军港内军舰信息，整编后传送给对方，以获取报酬。至案发，黄某某累计向境外人员报送信息90余次，收取报酬5.4万元。经鉴定，黄某某向境外人员提供的信息有1项属机密级军事秘密。

法院认为，被告人黄某某无视国家法律，接受境外人员指使，积极为境外人员刺探、非法提供国家秘密，其行为已构成为境外刺探、非法提供国家秘密罪。依照《中华人民共和国刑法》相关规定，对黄某某以为境外刺探、非法提供国家秘密罪判处有期徒刑五年，剥夺政治权利一年，并处没收个人财产人民币5万元。

案例四：张向斌间谍案

1992年，刚刚走出大学校门的张向斌进入我国某部委从事外语翻译工作。1996年，张向斌受组织委派赴某国常驻，驻外期间结识了自称是该国外交部的A某等人。然而，他们的真实身份却是该国间谍情报机关人员。

往来中，A某等人不仅常常帮助张向斌提高外语翻译水平，还主动帮忙解决其在工作生活中的困难，渐渐地，张向斌与这些外方人员由公务联系转为了秘密交往。

随后，外方人员以高额报酬为诱惑，通过套取和索要等方式，要求张向斌提供情报。在明知对方企图的情况下，张向斌仍无视法纪，答应为对方充当间谍，数年间向对方提供了数十份涉及我国内政外交的涉密文件资料，其中绝密级、机密级文件达14份。张向斌驻外期间还无视纪律作风要求，多次嫖娼，与多名外国女性保持不正当关系，甚至与该国政府女性官员发展成情人关系并生育两个私生子，这些都为该国间谍情报机关对其进行控制留下了把柄。

2008年，张向斌从单位辞职，辞职前，还陆续从办公电脑和内部办公网络中搜集大量文件资料，非法携带至国外。经查，张向斌的个人电脑及其他存储介质中存有5 200份文件资料，其中标注绝密级的59份，机密级的848份，秘密级的541份。2016年，广西壮族自治区国家安全厅破获此案。

2019年2月，张向斌因间谍罪、非法获取国家秘密罪，被百色市中级人民法院一审判处死刑，缓期两年执行。

案例五：邱德桂向境外非法提供国家秘密案

1990年出生的邱德桂案发前曾在沿海某县委宣传部工作，因为工作中能接触到一些内部资料，涉世未深的他只为一万多元好处费，就将涉密材料出卖，走上了犯罪的道路。

工作中，邱德桂会登录单位的工作邮箱查找各乡镇发来的新闻素材，一次，在登录邮箱时，邱德桂发现了异常。出于好奇的邱德桂向对方提供了自己的个人邮箱，几天后，对方就有了回复，称如果邱德桂可以提供他们需要的材料，就可以获得丰厚的酬劳。

邱德桂根据对方要求，利用职务之便，通过复印、翻拍等方式，向对方提供了一批该县县委宣传部的内部文件资料，并收取报酬共计人民币11 000多元。这个与邱德桂邮件往来的人其真实身份是境外某军情部门人员。经鉴定，在邱德桂非法提供的文件资料中，1份为机密级，5份为秘密级。

2018年6月，邱德桂因向境外非法提供国家秘密罪被判处有期徒刑四年，剥夺政治权利一年。

**【小贴士】**

日常生活中应警惕哪些危害国家安全的活动？

（1）发表或者转发危害国家安全的反动言论。

（2）浏览境外不良网站被植入木马程序。

（3）随手拍摄涉密单位、场所及物品。

（4）在网络论坛上谈论涉及国家秘密、情报的事项。

（5）涉密岗位人员及亲属使用电子设备开启定位、自动上传功能。

（6）“天上掉馅饼”的网络兼职。

（7）素未谋面的境外“代购”。

（8）好心向“朋友”提供市场、行业、科研数据。

（9）为“友人”在敏感区域做向导。

（10）销售、安装窃听、监视、定位设备。

成果展示

小组陈述案例后，教师以各小组为单位，组织学生每人写一篇500字左右的案例分析。

<table>
<tr><td>活动时间</td><td></td><td>活动地点</td><td></td></tr>
<tr><td>专业班级</td><td colspan="3"></td></tr>
<tr><td>小组成员</td><td colspan="3"></td></tr>
<tr><td>所学案例</td><td colspan="3"></td></tr>
<tr><td>案例分析</td><td colspan="3"></td></tr>
<tr><td>指导教师
评价</td><td colspan="3"></td></tr>
</table>

活动评价

<table>
<tr><th colspan="7">案例分析评分表</th></tr>
<tr><td colspan="3">日期：</td><td colspan="4">第________组　组长________</td></tr>
<tr><td rowspan="2">项目</td><td rowspan="2">分值</td><td rowspan="2">指标</td><td colspan="4">得分</td></tr>
<tr><td>第1组</td><td>第2组</td><td>3组</td><td>第4组</td></tr>
<tr><td rowspan="4">案例选取60分</td><td>10分</td><td>主题突出，内容完整</td><td></td><td></td><td></td><td></td></tr>
<tr><td>10分</td><td>案例新颖，构思独特</td><td></td><td></td><td></td><td></td></tr>
<tr><td>10分</td><td>结构合理，逻辑顺畅</td><td></td><td></td><td></td><td></td></tr>
<tr><td>30分</td><td>内容翔实，理解深度</td><td></td><td></td><td></td><td></td></tr>
<tr><td rowspan="3">演讲水平30分</td><td>10分</td><td>语言表达得体、流利，肢体语言恰当，发挥具有感染力，思路清晰</td><td></td><td></td><td></td><td></td></tr>
<tr><td>10分</td><td>PPT展示简洁、清晰，起到提纲挈领的作用</td><td></td><td></td><td></td><td></td></tr>
<tr><td>10分</td><td>时间节奏控制到位</td><td></td><td></td><td></td><td></td></tr>
<tr><td>运用能力10分</td><td>10分</td><td>案例结合教材知识点准备到位</td><td></td><td></td><td></td><td></td></tr>
</table>

自我反思

在活动参与过程中，你有什么收获和体会呢？还有什么不足之处需要整改？把你的想法记录下来。

项目十二　我为国防尽份力

实践目的

通过课堂实践，学生能够理解习近平强军思想的主要内容和重大意义，通过牢固树立战斗力这个唯一的根本标准，坚持政治建军、改革强军、科技兴军、依法治军，构建中国特色现代军事力量体系，深入推进练兵备战，尽快把人民军队建设成为世界一流军队；了解我党坚持富国和强军相统一，积极推动军民融合实践，加快形成军民融合深度发展格局。

理论依据

第十二章　第二节　加快国防和军队现代化

实践形式

研讨座谈。

实践要求

1．以“当代大学生在国防建设中有哪些责任和义务”为题展开研讨，具体研讨题目自拟。

2．全体学生必须全力以赴、倾情投入，听从老师的研讨安排,研讨期间不可迟到和早退，不可随意走动。

3．每个小组至少有1～3位同学分享心得体会。

4．每位同学写一份感想。

5．内容提示：运用书籍报刊查询、网络查询、访谈等多种方式搜集本组的军队建设现代化材料，在教师的指导下，能够对搜集的资料进行整理，形成本小组的研讨成果。运用多媒体、小报、展板、绘本、朗诵等手段汇报本组研讨的过程、成果，并能客观、公正地评价自己和他人的表现。

6．主题鲜明，语言通俗易懂、形象生动，字数在1 000字左右。优秀作品将通过校园微信公众号、校园广播等平台予以刊登、播放。

实践流程

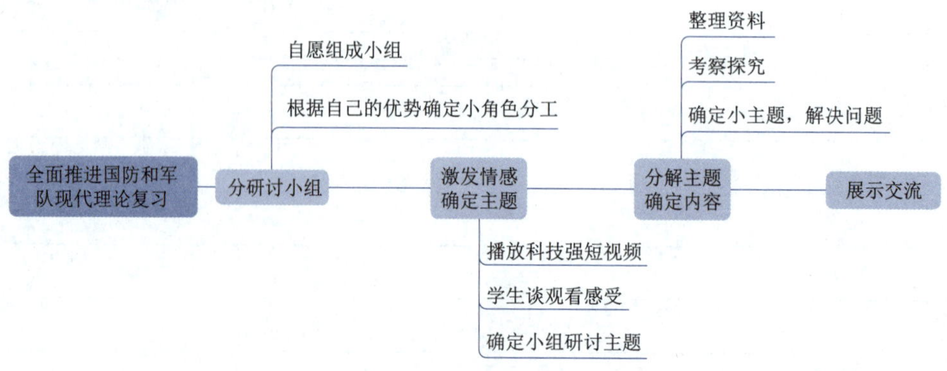

成果展示

研讨座谈	我为国防尽份力				
姓名		班级		学号	

第一组：交流本组搜集的资料，确定主题，讨论遇到的困难。
①小组讨论：确定本组的名字为“________________”
遇到的困难：________________
②小组交流讨论，选择具有代表性的材料。
第二组：交流本组搜集的资料，确定主题，讨论遇到的困难。
①小组讨论：确定本组的名字为“________________”
遇到的困难：________________
②小组交流讨论，选择具有代表性的材料。
展示交流：
各组把研究的成果整理好后，进入展示交流环节。
第一组：题目：________________
发言人：__________记录人：__________
内容记要：________________

第二组：题目：________________
发言人：__________记录人：__________
内容记要：________________

活动评价

评比内容	分值	具体评分标准	得分			
			教师评价	小组评价	学生评价	合计
主题内容	10分	研讨资料内容丰富、准确，列举的研讨案例能够提供图片、视频等素材				
	20分	能够按照研讨主题对全部资料进行分类整理分析，形成研讨发言				
	20分	文章层次分明、紧扣主题、结构合理				
	10分	布局严谨、完整、自然				
展示交流	10分	语言通顺流畅、符合逻辑				
	5分	写作技巧运用合理				
	5分	详略得当				
创新和亮点	10分	材料构思新鲜，见解独特				
	10分	文章架构具有独到之处				
总分	100分					

自我反思

在活动参与过程中，你有什么收获和体会呢？还有什么不足之处需要整改？把你的想法记录下来。

项目十三　诵读外交风云传奇事　再现百年峥嵘外交史

实践目的

通过故事诵读的形式，了解新中国成立以来我国的外交成就以及党中央领导集体在外交方面的不懈努力，探究新中国独立自主外交政策与旧中国屈辱外交、软弱外交、卖国外交的根本不同，从而激发同学们学习我国外交知识的兴趣，增强民族自豪感和自信心。

理论依据

第十三章　第一节　坚持习近平外交思想

实践形式

诵读故事。

实践要求

1. 诵读时间：3～5分钟。
2. 形式要求：班级朗诵或录制视频上交展示。
3. 语言表达准确、流畅、自然，符合诵读的语言习惯和特点。
4. 内容结合课程所学，围绕中国特色大国外交这一中心话题展开，具体包括以下三部分：

（1）新中国成立以来外交局面如何？（侧重于职业理想方面）

（2）改革开放以来的外交局面。

（3）新时代的外交局面。

实践流程

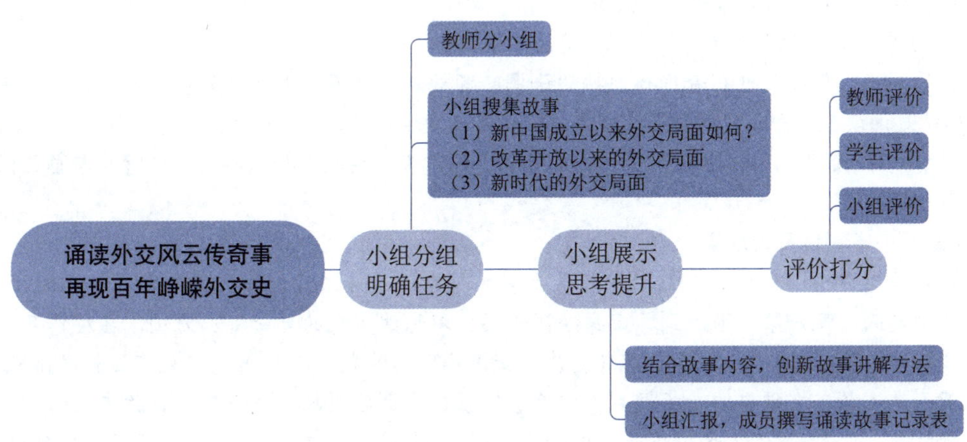

【小贴士】

诵读技巧

诵读是一种再创作活动，这种再创作，不是脱离诵读的材料去另起炉灶，也不是照字读音的简单活动，而是要求诵读者通过原作的字句，用有声语言传达出原作的主要精神和艺术美感。不仅要让听众领会诵读的内容，而且要使其在感情上受到感染。为了达到这个目的，诵读者在诵读前就必须做好一系列的准备工作。

一、选择诵读材料

诵读是一种传情的艺术。诵读者要很好地传情，引起听众共鸣。首先，要注意材料的选择，选择材料时要注意选择那些语言具有形象性而且适于上口的文章，因为形象感受是诵读中一个很重要的环节，干瘪枯燥的书面语言对于具有很强感受能力的诵读者也构不成丰富的形象感受。其次，要根据诵读的场合、听众的需要以及诵读者自己的爱好和实际水平，在众多作品中，选出合适的作品。

二、把握作品的内容

准确地把握作品内容，透彻地理解其内在含义，是诵读作品的重要前提和基础。在诵读中，各种艺术手段的运用固然十分重要，但是，如果离开了准确透彻地把握内容这个前提，那么，艺术技巧就成了无源之水、无本之木，就成了一种纯粹的形式主义，也就无法做到传情，无法让听众动情了。要准确透彻地把握作品内容，应注意以下几点：

（一）正确、深入的理解

诵读者要把作品的思想感情准确地表现出来，需要透过字里行间，理解作品的内在含义。首先，要清除障碍，搞清文中生字、生词、成语典故、语句等的含义，不要囫囵吞枣，望文生义。其次，要把握作品创作的背景、主题和情感基调，这样才会准确地理解作品，才不会把作品念得支离破碎，甚至歪曲原作的思想内容。以高尔基的《海燕》为例，扫除文字障碍后，就要对作品进行综合分析。这篇作品以象征手法，塑造了一只不怕电闪雷鸣，敢于搏风击浪，勇于呼风唤雨的海燕——这一“胜利的预言家”的形象。这部作品在诞生之后不胫而走，被广大工人和革命群众在革命小组活动时诵读，被视作传播革命信息、坚定革命理想的战歌。综合分析之后，诵读时就不难把握其主题是——满怀激情地呼唤革命高潮的到来。进而，我们又不难把握这部作品的基调应是对革命高潮的向往、企盼。

（二）深刻、细致的感受

有的诵读，听起来也有着抑扬顿挫的语调，可就是打动不了听众。如果不是作品本身有缺陷，那就是诵读者对作品的感受还太浅薄，没有真正走进作品，进入角色，而是在那里“挤”情、“造”性。听众是敏锐的，他们不会被虚情所动，诵读者要唤起听众的感情，使听众与自己同喜同悲同呼吸。

（三）丰富、逼真的想象

在理解感受作品的同时，往往伴随着丰富的想象，这样才能使作品的内容在自己的心中、眼前活动起来，就好象亲眼看到、亲身经历一样。以陈然《我的自白书》为例，在对作品进行综合分析时，可以设想自己就是陈然（重庆《挺进报》的特支书记），当时正处在这样的情境中：我被国民党逮捕，在狱中饱受折磨，但信仰毫不动摇，最后，敌人把一张白纸放在我面前，让我写自白书，我满怀对敌人的愤恨和藐视，满怀革命必胜的坚定信念，自豪地写下了“怒斥敌酋”式的《我的自白书》。这样通过深入的理解、真挚的感受和丰富的想象，使己动情，从而也使人动性。

成果展示

学生诵读结束后，教师按照诵读形式，组织学生每人写一篇500字左右的诵读故事记录表。

诵读时间		诵读地点	
专业班级			
成员			
主题名称			
故事概况			
指导教师评价			

活动评价

评比内容	分值	具体要求	得分			
			教师评价	小组评价	学生评价	合计
仪表形象	10分	服饰大方、自然、整齐、举止从容、端正，精神饱满，态度亲切				
语言表达	30分	普通话标准，吐字清楚、准确、语言生动，语气、语调、声音、节奏富于变化，注意轻重缓急、抑扬顿挫，切合诗歌朗诵的内容，能准确、恰当地表情达意，舒心悦耳，娓娓动听				
态势神情	20分	鲜明、自然、形象地表达诵读内容和思想感情，渲染气氛，增强表达效果				
诵读效果	20分	朗诵有感染力、声情并茂，富有韵味和表现力，能与观众产生共鸣				
时间要求	10分	时间控制在3~5分钟				
创意	10分	朗诵形式富有创意，配以适当伴舞或配乐，或其他富有创意的形式				
总分						

自我反思

在活动参与过程中，你有什么收获和体会呢？还有什么不足之处需要整改？把你的想法记录下来。

项目十四　拾百年风华　创奋进辉煌

实践目的

开展“拾百年风华 创奋进辉煌”红色歌曲传唱活动，旨在弘扬爱国主义精神和民族精神，丰富学生的校园文化生活，增强同学们的爱党、爱国情怀。使同学们在重温经典红色歌曲的同时，铭记革命历史，继承光荣传统，珍惜现在的美好生活。

理论依据

第十四章　第一节　实现中华民族伟大复兴关键在党

实践形式

红色歌曲传唱。

实践要求

1. 演唱时间：3～5分钟。
2. 形式要求：小组展示，班级展示。
3. 选取歌颂党、歌颂祖国、歌颂美好生活等红色歌曲，内容健康，积极向上，具有较强的代表性和思想性。
4. 演唱曲目：《没有共产党就没有新中国》《不忘初心》《我们都是追梦人》《十送红军》《唱支山歌给党听》等，也可结合主题，自选题目。

实践流程

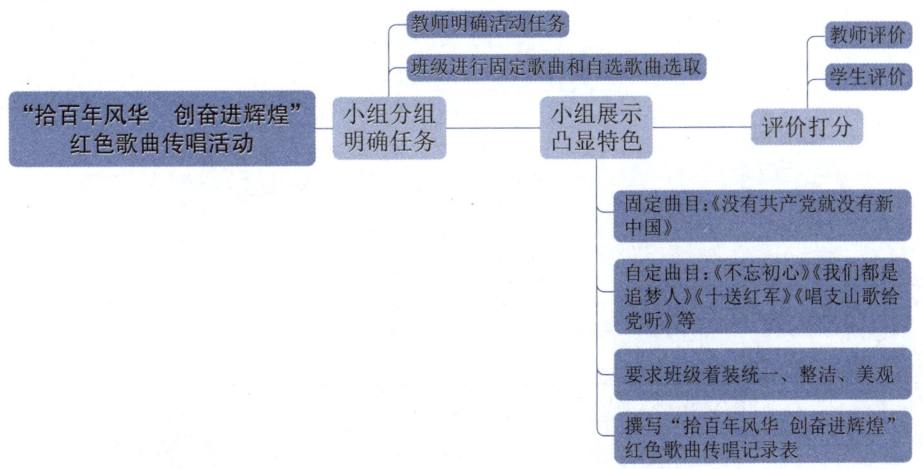

成果展示

班级同学分小组进行传唱展示，可以采取班级课上展示，也可以提前录制视频进行展示。教师综合评价学生小组的现场展示，进行打分并评选优秀的演唱团队。

演唱时间		演唱地点	
专业班级			
成员			
歌曲名称			
歌曲表达内容			
打分			

活动评价

<table>
<tr><td>红色歌曲传唱</td><td colspan="3">拾百年风华·创奋进辉煌</td></tr>
<tr><td>姓名</td><td></td><td>班级</td><td></td></tr>
<tr><td>演唱曲目</td><td colspan="3"></td></tr>
<tr><td>演唱人员</td><td colspan="3"></td></tr>
<tr><td>红色歌曲曲目来源</td><td colspan="3"></td></tr>
<tr><td>现场展示图片</td><td colspan="3"></td></tr>
<tr><td>活动感想</td><td colspan="3"></td></tr>
<tr><td>指导教师
评价</td><td colspan="3"></td></tr>
</table>

自我反思

在活动参与过程中，你有什么收获和体会呢？还有什么不足之处需要整改？把你的想法记录下来。

拓展资料

推荐阅读：

[1] 中央党校采访实录编辑室．习近平的七年知青岁月[M]．北京：中共中央党校出版社，2017．

[2] 中共中央文献研究室．习近平关于全面深化改革论述摘编[M]．北京：中央文献出版社，2014．

[3] 中共中央文献研究室．习近平谈治国理政[M]．北京：外文出版社，2014．

[4] 中共中央文献研究室．习近平关于实现中华民族伟大复兴的中国梦论述摘编[M]．北京：中央文献出版社，2013．

[5] 吴晓波．激荡四十年：1978—2018[M]．北京：中信出版社，2017．

[6] 中央党校经济学部精准扶贫实验室．全面小康大家一起走：从脱贫攻坚到乡村振兴[M]．北京：中共中央党校出版社，2020．

[7] 张历历．当代中国外交简史[M]．上海：上海人民出版社，2015．

[8] 本书编写组．中国共产党简史[M]．北京：人民出版社，2021．

[9] 习近平．论中国共产党历史[M]．北京：中央文献出版社，2021．

精品资料：

1．视频：《中国特色社会主义新时代标示我国发展新的历史方位》。

2．纪录片：《百年潮·中国梦》。

3．视频：《李万君（大国工匠）》。

4．《改革开放　关键一招》第二集 这个民主很有范儿。

5．纪录片：《美丽中国》。

6．纪录片：《创新之路》。

7．视频：《国家安全观2分钟》。

8．音频：《决胜全面建成小康社会》。

9．音频：《加快建设社会主义法治国家》。

10．音频：《把人民军队全面建成世界一流军队》。

11．视频：《外交风云》。

第三篇

大学生职业规划与就业指导

第一单元 学业规划

用百折不回的毅力，有计划地克服所有的困难。

——毛泽东

盛年不重来。一日难再晨。及时当勉励，岁月不待人。

——陶渊明

浪费别人的时间是谋财害命，浪费自己的时间是慢性自杀。

——列宁

项目一　梦想清单

实践目的

通过此活动，帮助同学们思考如何不留遗憾地完成大学生活。

理论依据

《大学生职业规划》：项目一　全面认识自我　洞悉内心世界

实践形式

量表测试。

实践要求

如果大学毕业的那一天，你回顾过去三年，觉得青春无悔，那是因为你做到了什么？

1. 在愿景清单里写下：你看到问题时，脑子里面浮现的想法，并尽可能清晰地描绘它们。

2. 全部完成后，给这些愿景按照“ 心动程度”和“信心程度“打分，分值为 0~5 分，5 分为最高分。

3. 挑出“心动程度”和“信心程度”都相对高的，优先行动。

愿景清单	心动程度	信心程度
我成了一个________样的人 （填入三个你最希望自己实现的形容词）		
在学业方面，我会……		
在社团方面，我会……		
我交到了……的朋友		
我去过了……地方		
我获得了一份……的工作		
我开始了一段……的恋爱		
父母会以……的眼光看待我		
我学会了……拥有了……的技能 / 才干 / 性格		
我培养出了……的习惯		
我对于……有了全新的思考和认识		
我成为……的高手		

项目二　深度了解行业

实践目的

对一个行业的深入研究有助于掌握整个职业的发展脉络，看到职业发展的全貌。希望通过本活动的开展，能够帮助同学们深入了解目标行业，并依据目标行业的技能和素质要求，开展学业规划。

理论依据

《大学生职业规划》：项目二　探索职业环境　扫描外部世界

实践形式

量表测试。

实践要求

请同学们通过网络引擎来深度了解一个目标行业，并填写表格。请留意以下几点：

1. 先从中间的方格“行业名称是什么？”开始填写，再填写左上角“最大的三家公司”。
2. 然后按顺时针的方向思考与填写。
3. 最后完成方格“要进入需要什么准备？”

最大的三家公司	有哪些最重要的职位？	哪些城市发展得最好？
要进入需要什么准备？	行业名称是什么？	它的上下游行业有哪些？
主要客户是谁？	行业增长率如何？	上下游企业有哪些？

项目三　深入了解专业

实践目的

通过此活动的开展，引导同学们搜集专业信息，了解本专业的人才培养方案和主要就业方向，帮助同学们树立更加明确的学习目标。

理论依据

《大学生职业规划》：项目二　探索职业环境　扫描外部世界

实践形式

量表测试。

实践要求

请同学们通过认真解读专业人才培养方案、访谈学长和老师，完成下面表格的填写，并思考你最喜欢或擅长的就业方向是什么？需要为这个就业方向准备什么？

你的专业准确名称：					
所属专业大类（代码）	所属专业类（代码）	对应行业（代码）	主要职业类别	主要岗位类别（或技术领域）	职业技能等级证书
专业培养目标和规格（思想、知识、能力）					
课程设置					

项目四　生涯幻游

实践目的

引导同学们根据指导语完成生涯幻游，期待自己未来10年的生活属于学术型、技术型还是综合型。

理论依据

《大学生职业规划》：项目三　科学规划学业　选择职前路径

实践形式

量表测试。

实践要求

请同学们根据指导语：想象你自己穿越时空，到了10年之后的未来。你看到的自己是什么样子？想象一下10年后的今天，然后将头脑中的愿景写下来。

方面	愿景	这方面对我有多重要
生活在什么地方？		
那个地方是什么样的？		
你的周围有人吗？		
他们都是什么样的？		
你是什么样的，在做什么？		
当时的心情是什么样的？		
当地的一份报纸或者网站报道了你，那个报道是什么样的？		
这个报道中引用了一段你说的话，那段话是什么？		
那一天你还有什么其他的事情要做？		
你还看到了什么其他的画面？对未来还有什么愿景？		
通过幻游，我进一步确定我将来的职业类型是（学术型、技术型还是综合型）		

项目五　撰写学业规划书

实践目的

通过撰写学业规划书，锻炼同学们的文字撰写、信息搜集和整理能力，帮助同学们更好地明确和规划整个大学时光，提高学习效率。

理论依据

《大学生职业规划》：项目三　科学规划学业　选择职前路径

实践形式

撰写规划书。

实践要求

请同学们结合自身专业，按表格要求填写学业规划书，注意书写规范，要求内容精炼和真实准确。

黑龙江农业工程职业学院　××级学生学业规划书

<table>
<tr><td>学号</td><td></td><td>姓名</td><td></td></tr>
<tr><td>邮箱</td><td></td><td>电话</td><td></td></tr>
<tr><td>专业名称</td><td colspan="3"></td></tr>
<tr><td>民族</td><td></td><td>家庭所在地</td><td>县市</td></tr>
<tr><td>特长、爱好</td><td colspan="3"></td></tr>
<tr><td colspan="4">通过课程学习，我对目标岗位的选择是：</td></tr>
<tr><td colspan="4">我对这一目标岗位的职业环境的探索收获是：</td></tr>
<tr><td colspan="4">根据这一目标岗位的环境要求（含职业资格证书和技能要求），我选择的学业发展地图是：</td></tr>
</table>

大一学习规划

一、课程学习目标（课程名称、计划取得的分数、努力达到的学习效果）
1.
2.
3.
4.
5.
二、课外素质拓展活动目标（计划加入哪类社团、志愿者、学生会组织，想要取得哪些锻炼成果）

三、自主学习目标（阅读专业书籍、拓展专业技能，例如，考驾照；培养业余爱好和技能，例如，考取茶艺师、游泳教练证等）

大二学习规划

大三学习和实习、升学规划

拓展资料

推荐阅读：

[1]纪江红．中国100杰出名人传记[M]．北京：华夏出版社，2009．
[2]李开复．做最好的自己[M]．北京：人民出版社，2005．
[3]凯勒．假如给我三天光明[M]．北京：中国友谊出版公司，2020．

第二单元

职业生涯规划

成功的秘诀在于兴趣。

——杨振宁

性格是一种副产品，它产生于完成日常事务的伟大过程之中。

——伍·威尔逊

要达成伟大的成就，最重要的秘诀在于确定你的目标，然后开始干，采取行动，朝着目标前进。

——博恩·崔西

志不立，天下无可成之事。

——明代 王守仁

项目一　你喜欢哪一种生涯形态？

实践目的

通过问题指引，帮助同学们明确思考方向，探索生涯认知。

理论依据

《大学生职业规划》：项目四　了解生涯理论　做好规划准备

实践形式

量表测试。

实践要求

按照问题引导，进行生涯形态选择，并与大家进行分享。

你曾想做哪一行的工作？____________________

你喜欢这一行人的生活方式吗？是　否

这是一种____________________的生活方式。

现在，你还想做哪一行的工作？____________________

你喜欢这一行人的生活方式吗？ 是　否

这是一种____________________的生活方式。

整体而言，下面哪些生活形态对于你很重要？

1．居住在文化水准较高的地方。

2．住在都市地区。

3．和父母住在一起，享受天伦之乐。

4．工作之余，有机会参加很多社团活动。

5．有宽敞、舒适的生活空间。

6．和家人共享假期。

7．生活富有挑战性、创造性。

8．每天有固定的时间与家人相处。

9．有宽裕的时间，做自己闲暇的事情。

10．每天能够运动，活跃身心。

11．经常能够外出旅行看世界。

12．经常能够学习，吸收新知识。

13．有密切配合的工作伙伴。

14．贡献自己所能，参与社会服务。

15．有崇高的社会声望。

16．每个月有稳定的收入。

17．可自由支配自己的时间。

18．可自由支配自己的金钱。

19．和配偶与子女住在一起。

20．有丰厚的经济收入。

21．居住在小孩上学方便的地方。

22．担任管理者的职位。

23．和朋友们保持密切的交往。

24．居住在固定的地方。

25．工作稳定有保障。

选出你最喜欢的三种生涯方式：

我就是要____________________的生活方式！

我对这种生涯方式的理解：

____

____

（选自黄天中的《生涯规划概论——生涯与生活篇》，有修改）

项目二 绘制你的生涯彩虹图

实践目的

通过绘制生涯彩虹图，帮助同学们从生命的广度和生活的宽度，进一步思考生命的有涯与无涯，引导同学们珍惜时间、合理规划人生。

理论依据

《大学生职业规划》：项目四 了解生涯理论 做好规划准备

实践形式

绘图测试。

实践要求

请同学们用各色彩笔，在舒伯生涯彩虹图上绘制你的人生彩虹，并思考你此时和未来的社会角色，对现在的你提出了怎样的奋斗要求。

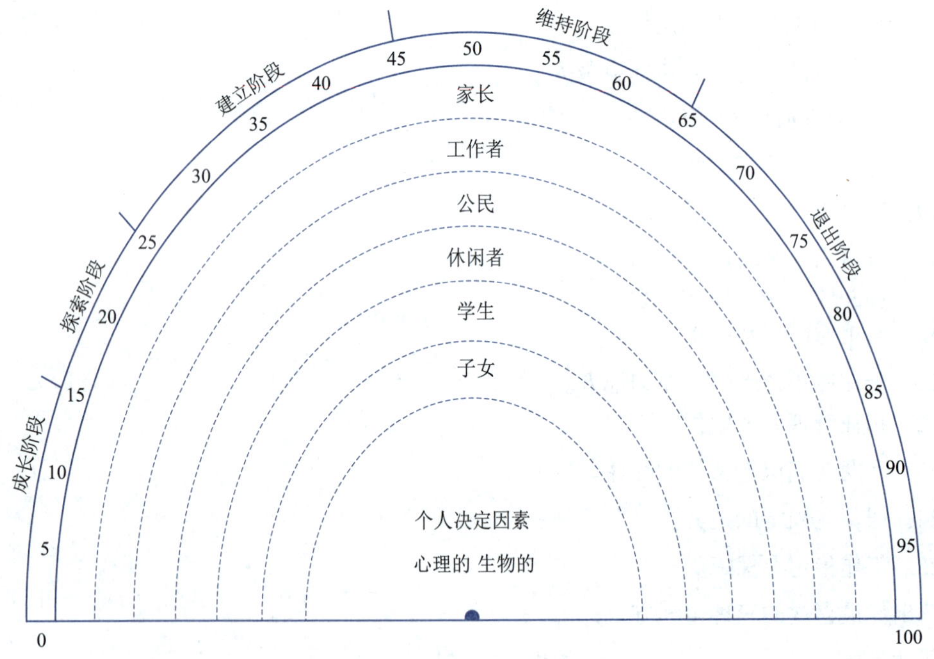

如果时间可以倒流十年，我想做哪些事情？

项目三　价值观删减游戏

实践目的

通过活动帮助同学们澄清自己的价值观，更好地进行职业决策，提高自主择业的能力和质量。

理论依据

《大学生职业规划》：项目五　运用职业测试　深化自我诊断

实践形式

量表测试。

实践要求

美国社会心理学家米尔顿·洛克奇在《人类价值观的本质》一书中总结了13种价值观，如下表所示。

序号	名称	内涵
1	成就感	希望有较高的社会地位和较好的社会口碑，喜欢具有挑战性的工作和生活
2	美感的追求	能有机会多方面地欣赏周围的人、事、物，或任何自己觉得重要且有意义的事物
3	挑战	能有机会运用聪明才智来解决困难。舍弃传统的方法而选择创新的方法处理事物
4	健康	包括身体和心理健康。工作能够免于焦虑、紧张和恐惧。希望能够心平气和地处理事物
5	收入与财富	工作追求较高的收入，生活追求较好的物质条件
6	独立性	喜欢独立工作和生活，自己掌控实践和工作生活方式
7	爱、家庭、人际关系	慷慨大方，喜欢分享，认为幸福的来源是付出而不是所得
8	道德感	与组织的目标、价值观、宗教观和工作使命能够不相冲突，紧密结合
9	欢乐	享受生命，喜欢与别人共处，一同享受美好时光
10	权利	能够影响或控制他人，使他人照着自己的意思去行动
11	安全感	能够满足基本的需要，有安全感，远离突如其来的变动
12	自我成长	能够提升自身的经验、能力与智慧

续表

序号	名称	内涵
13	协助他人	乐于助人、喜欢团队协作和集体生活

请同学们从表格中的 13 个价值观中选择你认为重要的 8 个价值观，并填到下面任务单中。然后依次删减，直到剩下最重要的一个。写出每次删掉的价值观，并说出为什么。

我选择的 8 个价值观是（ ）（ ）（ ）（ ）（ ）（ ）（ ）（ ）。

第一次删掉（ ），原因是：________

第二次删掉（ ），原因是：________

第三次删掉（ ），原因是：________

第四次删掉（ ），原因是：________

第五次删掉（ ），原因是：________

第六次删掉（ ），原因是：________

第七次删掉（ ），原因是：________

到最后剩下（ ），原因是：________

项目四　职业锚测试

实践目的

职业锚问卷是国外进行职业测评运用的最广泛、最有效的工具之一。职业锚问卷是一种进行职业生涯规划咨询、自我了解的工具，能够协助组织或个人进行更理想的职业生涯发展规划。

理论依据

《大学生职业规划》：项目五　运用职业测试　深化自我诊断

实践形式

量表测试。

实践要求

下面有40个问题描述，每题有5个备选答案（不符合、较不符合、一般、较符合、符合），请根据自己的实际情况，按第一感觉，迅速答题，选出一个答案。

题目	不符合 1分	较不符合 2分	一般 3分	较符合 4分	符合 5分
1. 在工作中不必担心会因为所做的事情令领导不满意，而受到训斥或经济惩罚					
2. 我梦想创建自己的事业					
3. 由于自己工作的原因，经常有许多人来感谢我，让我感到满足					
4. 我追求的工作是组织管理别人开展工作					
5. 如果工作中能经常用到自己特别的技巧和才能，我会感到特别满意					
6. 我一直在寻找一份能将个人和家庭之间冲突最小化的工作					
7. 去解决那些几乎无法解决的难题，比获得一个高的管理职位更重要					
8. 在工作中，我能试行一些自己的新想法					
9. 只要做上这份工作，我就能不再被调到其他意想不到的岗位上					
10. 如果我能成功地打造完全属于自己的产品（点子），我会感到非常成功					

续表

题目	不符合 1分	较不符合 2分	一般 3分	较符合 4分	符合 5分
11. 我希望从事对人类和社会真正有意义的工作					
12. 在工作中，我希望做一个负责人，尽管只领导很少几个人，但我信奉“宁做兵头，不做将尾”的理念					
13. 我希望在工作中经常需要我提出许多新的想法					
14. 能够很好的平衡个人生活与工作，比达到一个高的管理职位更重要					
15. 希望工作中能有很多机会去不断地挑战自己解决问题的能力（或竞争力）					
16. 在我的工作中，不会有人常来打扰我					
17. 我愿意在能给我安全感和稳定感的公司中工作					
18. 当通过自己的努力或想法完成工作时，我工作的成就感会最强					
19. 在工作中，如果我的服务能使他人感到很满意，那么我自己也会很高兴					
20. 我希望我的工作赋予我高于别人的权力					
21. 对我而言，做一个专业领域的部门经理比做总经理更具有吸引力					
22. 我认为只有很好地平衡个人、家庭、职业三者之间的关系，自己的生活才是成功的					
23. 当自己解决了看上去不可能解决的问题或者在被认为必输的竞争中胜出时，自己会感到非常有成就感					
24. 我能在自己的工作范围内自由发挥					
25. 在工作中自己不会因为身体或能力等因素，被人瞧不起					
26. 对我而言，创办自己的公司比在其他的公司中争取一个高管位置更重要					

续表

题目	不符合 1分	较不符合 2分	一般 3分	较符合 4分	符合 5分
27．我的工作使我能常常帮助到别人					
28．我希望能够管理一家大公司（组织），使自己的决策能够影响许多人					
29．我认为将自己的技术和专业水平发展到一个更具竞争力的层次，是自己获得成功的必要条件					
30．我希望自己的职业能兼顾到个人、家庭和工作的需要					
31．我认为事业的成功来自于克服自己面临的困难					
32．如果允许我自由地决定自己的工作内容和计划，我会非常满意					
33．不论我怎么做，我总能和大多数人一样晋级和涨工资					
34．我一直在寻找可以创立自己事业（公司）的点子					
35．我的工作能为社会福利带来看得见的效果					
36．在工作中，当我管理其他人时，会令自己非常有成就感					
37．我希望能做自己擅长的工作，这样自己的内行建议可以不断被采纳					
38．我宁愿离开公司，也不愿从事需要个人和家庭做出一定牺牲的工作					
39．在工作中，我希望去解决那些有挑战性的问题，并且胜出					
40．在工作中我是不受别人差遣的					

1．计分方法

（1）不符合1分、较不符合2分、一般3分、较符合4分、符合5分。

（2）在40道题中挑出三个得分最高的项目（如果得分相同，挑出最感兴趣、最符合日常想法的三项），在每个项目的得分后面，再加4分（例如，第40题，得了5分，则该题应加4分，变为9分）。

将每一题的得分（其中三项应多加4分）填入下面的空白表格中，然后按照“列”进行分数累加，得到每一列的总分。

类型	TF		GM		AU		SE		EC		SV		CH		LS	
加分项	1		2		3		4		5		6		7		8	
	9		10		11		12		13		14		15		16	
	17		18		19		20		21		22		23		24	
	25		26		27		28		29		30		31		32	
	33		34		35		36		37		38		39		40	
总分																

（3）最终的平均分就是自我评价的结果，最高分所在列将代表最符合“真实自我”的职业锚。

2．职业锚类型

职业锚具有以下类型：

（1）TF型，即技术/职能型职业锚（Technical/functional Competence）。始终不肯放弃的是在专业领域中展示自己的技能，并不断把自己的技术发展到更高层次的机会。希望通过施展自己的技能来获取别人认可，并乐于接受来自于专业领域的挑战，可能愿意成为技术/职能领域的管理者，但管理本身不能给你带来乐趣，应极力避免全面管理的职位，因为这意味着你可能会脱离自己擅长的专业领域。

（2）GM型，即管理型职业锚（General/Managerial Competence）。始终不肯放弃的是升迁到组织中更高的管理职位，因为这样能够整合其他人的工作，并对组织中某项工作的绩效承担责任。你希望为最终的结果承担责任，并把组织的成功看作是自己的工作。如果目前在技术/职能部门工作，你会将此看成积累经验的必须过程，你的目标是尽快得到一个全面管理的职位，因为你对技术/职能部门的管理不感兴趣。

（3）AU型，即自主/独立型职业锚（Autonomy/Independence）。始终不肯放弃的是按照自己的方式工作和生活。如果你无法忍受任何程度上的公司的约束，那么就去寻找有足够自由的职业。你宁可放弃升职加薪的机会，也不愿意丧失自己的独立自主性。为了能有最大程度的自主和独立，你可能会创立自己的公司，但你的创业动机与后面所叙述的创业家的动机是不同的。

（4）SE型，即安全/稳定型（Security/Stability）。始终不肯放弃的是稳定的或终身雇佣的职位。你希望有成功的感觉，这样你才可以放松下来。你关注财务安全（如养老金和退休金方案）和就业安全。你对组织忠诚，对雇主言听计从，希望以此换取终身雇佣的承诺。虽然你可以达到更高的职位，但你对工作的内容和在组织内的等级地位并不关心。任何人（包括自主/独立型）都有安全和稳定的需要，在财务负担加重或面临退休时，这种需要会更加明显。安全/稳定型职业锚的人总是关注安全和稳定问题，并把自我认知建立在如何管理安全与稳定上。

（5）EC型，即创造/创业职业锚（Entrepreneurial/Creativity）。始终不肯放弃的是凭借

续表

自己的能力和冒险精神，扫除障碍，创立属于自己的企业或组织，你希望向世界证明自己有能力创建一家企业。你现在可能在某一组织中为别人工作，但同时也会学习并评估未来的机会，一旦你认为时机成熟，就会尽快开始自己的创业历程。你希望自己的企业有非常高的现金收入，以证明自己的能力。

（6）SV型，即服务型职业锚（Sense of Service, Dedication to a Cause）。始终不肯放弃的是做一些有价值的事情，比如，让世界更适合人类居住、解决环境问题、增进人与人之间的和谐、帮助他人、增强人们的安全感、用新产品治疗疾病等。你宁愿离开原来的组织，也不愿放弃对这些工作机会的追求。同样，你也会拒绝任何使你离开这些工作的调动和升迁。

（7）CH型，即挑战型职业锚（Challenge）。始终不肯放弃的是去解决看上去无法解决的问题、战胜强硬的对手或克服面临的困难。对你而言，职业的意义在于允许你挑战不可能的事情。有的人在需要高智商的职业中发现挑战，例如，仅仅对高难度、不可能实现的设计感兴趣的工程师；有些人发现处理多层次的、复杂的情况是一种挑战，例如，战略咨询师仅对面临破产、资源消耗尽的客户感兴趣；还有些人将人际竞争看成是挑战，例如，职业运动员，或将销售定义为非赢即输的销售人员。新奇、多变和困难是挑战的决定因素，如果一件事情非常容易，它立马会变得令人厌倦。

（8）LS型，即生活型职业锚（Lifestyle）。始终不肯放弃的是平衡并整合个人的、家庭的和职业的需要，因此你可能不得不放弃职业中的某些方面（例如，晋升带来跨地区调动，可能打乱你的生活）。你希望生活中的各个部分能够协调统一向前发展，因此你希望自己的职业有足够的弹性允许你来实现这种整合。你与众不同的地方在于过自己的生活，包括居住在什么地方、如何处理家庭事务及在某一组织内如何发挥自己。

3. 决策建议

通过测试，如果您的职业价值观为“技术/职能型”，那么意味着您在实际工作中，应尽量在“技术/职能”领域发展，而不一定朝着管理者的方向努力；如果您的职业价值观是“安全/稳定型”，那么一些民企、外企等竞争很激烈、变化很大的工作环境，可能不是很适合您；如果您的职业价值观是“挑战型”，那么恰恰相反，一些民企、外企等竞争激烈的环境，可能最适合您的发展，而一些比较简单、平淡、重复的工作，可能非常不利于您的潜能发挥。

项目五　职业性格趣味测试

实践目的

通过活动，帮助同学们了解，在别人眼中自己的性格特征是怎样的。

理论依据

《大学生职业规划》：项目五　运用职业测试　深化自我诊断

实践形式

量表测试。

实践要求

下面是某公司的招聘测试题，每题只能选择一个答案，请将自己的选择分数填入“你的得分”，并将10个选择分数进行累加，然后进行阅读、参考和分析了。

题号	题目	答案	分值	你的得分
1	你何时感觉最好？	A．早晨	2	
		B．下午和傍晚	4	
		C．夜里	6	
2	你走路时是	A．大步地快走	6	
		B．小步地快走	4	
		C．不快，仰着头	7	
		D．不快，低着头	2	
		E．很慢	1	
3	和人说话时，你会	A．手臂交叠地站着	4	
		B．双手紧握着	2	
		C．一手或两手放在臀部	5	
		D．碰着或推着与你说话的人	7	
		E．玩着自己的耳朵，摸着自己的下巴，或用手整理自己的头发	6	

续表

题号	题目	答案	分值	你的得分
4	坐着休息时，你会	A．两膝盖并拢	4	
		B．两腿交叉	6	
		C．两腿伸直	2	
		D．一条腿压在臀下	1	
5	碰到你感到可笑的事时，你的反应是	A．欣赏地大笑	6	
		B．笑着，但不大声	4	
		C．轻声地、咯咯地笑	3	
		D．羞怯地微笑	5	
6	当你参加一个派对或去社交场合时，你会	A．很大声地入场，以引起注意	6	
		B．安静地入场，找自己认识的人	4	
		C．非常安静地入场，尽最保持不被注意	2	
7	当你专心工作时，有人打断你，你会	A．欢迎他	6	
		B．感到非常恼怒	2	
		C．在上两极端之间	4	
8	下列颜色中，你最喜欢哪一种颜色？	A．红色或橘色	6	
		B．黑色	7	
		C．黄色或浅蓝色	5	
		D．绿色	4	
		E．深蓝色或紫色	3	
		F．白色	2	
		G．棕色或灰色	1	
9	临入睡的前几分钟，你在床上的姿势是	A．仰躺、伸直	7	
		B．俯躺，伸直	6	
		C．侧躺，微卷	4	
		D．头睡在一侧手臂上	2	
		E．将被子盖过头	1	

续表

题号	题目	答案	分值	你的得分
10	你经常梦到你在	A. 落下	4	
		B. 打架或挣扎	2	
		C. 找东西或找人	3	
		D. 飞或漂浮	5	
		E. 你平常不做梦	6	
		F. 你的梦都是愉快的	1	
你的职业性格趣味测试合计得分				

职业性格趣味测试结果参考分析		
分值	类型	特点
低于21分	内向的悲观者	人们认为你是一个害羞的、神经质的、优柔寡断的人，是需人照顾、永远要别人为你做决定、不想与任何事或任何人有关的人。他们认为你是一个杞人忧天者，一个永远看不到问题的人。有些人认为你令人乏味，只有那些深知你的人知道你不是这样的人
21～30分	缺乏信心的挑剔者	你的朋友认为你勤勉刻苦、很挑剔。他们认为你是一个谨慎的、十分小心的人，一个缓慢而稳定且辛勤工作的人。你做任何冲动的事或无准备的事，都会令他们大吃一惊。他们认为，在你从各个角度仔细地检查一切后，仍会经常决定不做。他们认为，你的这种反应一部分是因为你小心的天性所致
31～40分	以牙还牙的自我保护者	别人认为你是一个明智、谨慎、注重实效的人，也认为你是一个伶俐、有天赋、有才干且谦和的人。你不会很快、很容易和人成为朋友，但你一个对朋友非常忠诚的人，同时要求朋友对你也忠诚。那些真正有机会了解你的人知道要动摇你对朋友的信任是很难的，但同样，一旦这种信任被破坏，会使你很难熬过这种痛苦
41～50分	平衡的中道者	别人认为你是一个新鲜的、有活力和魅力的、好玩的、讲究实际的、永远有趣的人，一个经常是群众注意力焦点的人，但其实你是一个足够平衡的人，不至于因此而昏了头。别人也认为你亲切、和蔼、体贴、能谅解人，是一个永远会使人高兴起来并会帮助别人的人
51～60分	吸引人的冒险家	别人认为你有令人兴奋的、高度活泼的、相当易冲动的个性，是一个天生的领袖，一个做决定会很快的人，虽然你的决定不总是对的。他们认为你是个大胆的和勇于冒险的、会愿意试做任何事、愿意尝试任何机会的人。因为你散发的魅力，所以他们喜欢跟你在一起

续表

职业性格趣味测试结果参考分析		
分值	类型	特点
60分以上	傲慢的孤独者	别人认为对你必须“小心处理”。在别人的眼中，你是自负的，以自我为中心的，有极端支配欲和统治欲的人。别人可能会钦佩你，希望能多像你一点，但不会永远相信你，会对与你更深入的来往有所踌躇及犹豫

你是否认同测量结果，你对自己的性格认知是什么样的？

项目六　收支有度

实践目的

通过活动的开展，帮助同学们认知自己的财务管理能力。

理论依据

《大学生职业规划》：项目五　运用职业测试　深化自我诊断

实践形式

记录统计。

实践要求

为自己选择一种积极的休闲消费习惯，并邀请同学监督。记录自己在校期间一天、一周、一月的个人开支情况，填入下表。用业余时间对自己的家庭做个小调查，了解家庭上个月的收入、开支情况，并思考哪些是必须的消费，哪些是可控的消费？根据家庭闲余资金情况，给家庭做一个理财规划。

开支记录

项目	预算	执行
本周期收入	元	元
开支项目		
固定开支		
交通费	元	元
学习费用	元	元
日用品与服务	元	元
电话费	元	元
储蓄	元	元
其他	元	元
可变开支		
餐费	元	元
同学聚会、礼物与家庭礼物	元	元
服装、化妆与运动用品	元	元
旅行	元	元
电影演出	元	元
个人爱好	元	元
其他	元	元
合计	元	元
收支结果		

项目七 兴趣岛

实践目的

约翰·霍兰德（John Holland）是美国约翰·霍普金斯大学心理学教授，美国著名的职业指导专家。他于1959年提出了具有广泛社会影响的职业兴趣理论。该理论认为人的人格类型、兴趣与职业密切相关，凡是具有职业兴趣的职业，都可以提高人们的积极性，促使人们积极地、愉快地从事该职业。通过此实践活动将帮助同学们发现和确定自己的职业兴趣和能力特长，从而更好地做出求职择业的决策。

理论依据

《大学生职业规划》：项目五 运用职业测试 深化自我诊断

实践形式

量表测试。

实践要求

恭喜你！你获得了一次免费度假游的机会，有机会去下面6个岛屿中的一个。唯一的要求是你必须在这个岛屿上待满至少半年的时间，请不要考虑其他因素，仅凭自己的兴趣按一、二、三的顺序找出你最向往的3个岛屿。

岛屿R	自然原始的岛屿	岛上保留有原始森林，自然生态保持得很好，有各种各样的野生动物。岛上居民生活状态还相当原始，他们以手工见长，自己种植花果蔬菜、修缮房屋、打造器物、制作工具，喜欢户外活动
岛屿I	深思冥想的岛屿	岛上人迹较少，建筑物多僻处一隅，平畴绿野，适合夜观天象，岛上有多处天文馆和图书馆等。岛上居民喜好观察、学习、探究、分析，崇尚和追求真知，常有机会和来自各地的哲学家、科学家、心理学家等交换心得
岛屿A	美丽浪漫的岛屿	岛上布满了美术馆、音乐厅和街头雕塑，还有许多街边艺人，弥漫着浓厚的艺术文化气息。当地的居民很有艺术性、创新性和直觉能力，他们保留了传统的舞蹈、音乐和绘画，许多文艺界的朋友都喜欢到这里来寻找灵感
岛屿S	友善亲切的岛屿	岛上居民个性温和、十分友善、乐于助人，社区均自成一个个密切互动的服务网络，人们重视互助合作，重视教育，关怀他人，充满人文气息
岛屿E	显赫富庶的岛屿	岛上居民善于企业经营和贸易，能言善道，以口才见长。岛上的经济高度发展，处处是高级饭店、俱乐部、高尔夫球场。来往者多是企业家、经理人、政治家、律师等，曾数次在这里召开财富论坛和其他行业巅峰会议
岛屿C	井然有序的岛屿	岛上建筑十分现代，是先进的都市形态，以完善的户政管理、地政管理、金融管理见长。岛民个性冷静保守，处事有条不紊，精于组织策划，细心高效

如果是在团体内做这个活动，可以将房间分成6个区域，分别代表6个岛屿，按自己的第一选择就座。如果同一小组的人太多，可分为两组。

与同一岛屿的人进行交流，告诉大家自己为什么选择这个岛屿，看看大家有什么共同的兴趣爱好，归纳关键词。根据大家的交流给自己的小组命名并选取一个标志物，在白纸上制作一张宣传图，每个小组请一位代表用2分钟时间展示自己小组的图，并在全班分享一下小组成员的共同特点。

兴趣岛测试结果

我最想前往的三个岛屿	
我们的岛屿名称	
岛屿标志物及其含义	
岛屿关键词	

你选择的岛屿就是霍兰德职业兴趣类型的一种。你可以参照下表对测试结果进行分析。

职业索引——职业兴趣代号与其相应的职业对照表

类型	喜欢的活动	重视	职业环境要求	典型职业
现实型R	用手、工具、机器制造或者修理东西。愿意从事实物性的工作、体力活动，喜欢户外活动或者操作机器，不喜欢在办公室工作	具体实际的事物，诚实，有常识	使用手工或者机械技能对物体、工具、机器、动物等进行操作，与“事物”工作的能力比与“人”打交道的能力更为重要	木匠、农民、操作X光的技师、工程师、飞机机械师、鱼类和野生动物专家、自动化技师、机械工（车工、钳工等）、电工、无线电报务员、火车司机、长途公共汽车司机、机械制图员、修理机器师、电器师
研究型I	喜欢探索和理解事物，喜欢学习研究那些需要分析、思考的抽象问题，喜欢阅读和讨论有关科学性的论题，喜欢独立工作，对未知问题的挑战充满兴趣	知识、学习、成就、独立	分析研究问题、运用复杂和抽象的思考创造性地解决问题的能力，谨慎缜密，能运用智慧独立地工作，具有一定的写作能力	气象学者、生物学者、天文学家、药剂师、动物学者、化学家、科学报刊编辑、地质学者、植物学者、物理学者、数学家、实验员、科研人员、科技作者

续表

类型	喜欢的活动	重视	职业环境要求	典型职业
艺术型A	喜欢自我表达，喜欢文学、音乐、艺术、表演等具有创造性和变化性的工作，重视作品的原创性和创意	有创意的想法，追求自我表达，追求自由和美	创造力，对情感的表现能力，以非传统的方式来表现自己，自由，开放	室内装饰专家、图书管理专家、摄影师、音乐教师、作家、演员、记者、诗人、作曲家、编剧、雕刻家、漫画家
社会型S	喜欢与人合作，热情关心他人的幸福，愿意帮助别人成长或者解决困难，为他人提供服务	服务社会与他人，公正，理解，平等，理想	人际交往能力，教导、医治、帮助他人等方面的技能，对他人表现出精神上的关爱，愿意担负社会责任	社会学者、导游、福利机构工作者、咨询人员、社会工作者、社会科学教师、学校领导、精神病工作者、公共保健护士
企业型E	喜欢领导和支配别人，通过领导、劝说他人或者推销自己的观念、产品而达到个人或者组织的目标，希望成就一番事业	经济和社会地位上的成功，忠诚，富有冒险精神，有责任感	说服他人或者支配他人的能力，敢于承担风险，目标导向性强	推销员、进货员、商品批发员、旅馆经理、饭店经理、广告宣传员、调度员、律师、政治家、零售商
传统型C	喜欢固定的、有秩序的工作，希望确切地知道工作的要求和标准，愿意在一个大的机构中处于从属地位，对文字、数据和事物进行细致有序的系统处理以达到特定的标准	准确、有条理、节俭、盈利	文书技巧，组织能力，听取并遵从指示，能够按时完成工作并达到严格的标准，有组织有计划	记账员、会计、银行出纳、法庭速记员、成本估算员、税务员、核算员、打字员、办公室职员、统计员、计算机操作员、秘书

项目八　大学生职业生涯规划书

实践目的

通过撰写职业生涯规划书，提高同学们对自我和环境的综合认知，锻炼同学们信息收集整理和写作能力，帮助同学们更好地立足当下、规划未来，实现职业理想。

理论依据

《大学生职业规划》：项目六　整理职业信息　撰写职业规划书

实践形式

撰写规划书。

实践要求

按照《大学生职业生涯规划书》的一般性框架，完成职业生涯规划书的撰写。

学号：　　　　　　　　姓名：

《大学生职业生涯规划书》的一般性框架

目　录
引言 一、知己——自我认知 1．个人基本情况   2．职业兴趣   3．职业性格   4．职业价值观   5．职业能力   自我认知小结

二、知彼——环境分析 1．家庭环境   2．学校环境   3．社会环境   4．职业探索   5．职业生涯人物访谈   职业探索和环境分析小结
三、定位——职业目标 1．SWOT 分析   2．职业目标的确定   3．职业生涯发展路径

四、计划——行动方案

1．职业准备期计划

2．职业短期计划

3．职业中期计划

4．职业长期计划

五、修正——评估调整

1．风险评估

2．备选方案

结束语

拓展资料

推荐阅读：

[1]鲍利斯．你的降落伞是什么颜色[M]．北京：中国华侨出版社，2014．

[2]卡耐基．卡耐基成功学[M]．北京：中国城市出版社，2007．

[3]张凤林．大学生理财[M]．镇江：江苏大学出版社，2010．

第三单元

就业指导

凡事都要脚踏实地去做，不驰于空想，不骛于虚声，而唯以求真的态度做踏实的功夫。以此态度求学，则真理可明，以此态度做事，则功业可就。

——李大钊

先相信你自己，然后别人才会相信你。

——屠格涅夫

项目一　职业形象定位测试

实践目的

通过测试活动，帮助同学们了解自己将来适合从事什么行业。

理论依据

《大学生就业指导》：第三章　掌握求职礼仪　塑造职业形象

实践形式

量表测试。

实践要求

请按自己的实际情况进行选择，每道题只有一个答案，然后根据所选答案确定自己的职业形象定位。

题号	问题	选项	你的选择
1	你喜欢的发型是	A．休闲型、不必太麻烦的（由短发至中长度）。 B．修整妥帖，一丝不苟的（由中长度至长发）。 C．稍微卷曲的正统发型（短发至中长度）。 D．有波浪的华美发型（中长度至长发）。 E．深刻明显的发型（短发）	

续表

题号	问题	选项	你的选择
2	你喜欢的女性装扮是	A．自然化妆。 B．薄施脂粉，轻妆淡抹。 C．最低限度的修饰装扮。 D．可爱又美丽的装扮。 E．轮廓明显，具有立体感	
3	你喜爱的服装款式是	A．轻便、粗糙点，但穿着时不会感到沉硬。 B．轻柔中不失高尚。 C．整体剪裁的定做型。 D．富有个性的设计。 E．独特且线条强烈的设计	
4	你喜欢的装饰品是	A．手制风格，民族调。 B．针织品的小型饰物。 C．简单轻巧而正式。 D．可爱、稍大而华丽。 E．大胆设计，风格独特	
5	你喜欢的服装设计风格是	A．成套的。 B．采用质地柔软的材料。 C．订做的，简单大方的。 D．宽松的长袖。 E．对称的、线条突出的	
6	你在朋友心目中的形象是	A．易于亲近，精力充沛。 B．稳重、文静。 C．优雅、富有魅力。 D．活泼、现实。 E．独立、具有个性	
7	你感到快乐的时候是	A．在阳光下运动时。 B．倾听别人说话时。 C．自己的才干、能力得到肯定时。 D．和朋友来往时。 E．在家人面前出尽风头时	
8	你将来的希望是	A．自由自在，享受生活乐趣（人生享乐派）。 B．过着安稳、踏实的生活（坚实派）。 C．当社会领导者。 D．拥有温暖的家庭（稳健派）。 E．像明星般存在	
9	你想尝试的职业是	A．记者、编辑、作家。 B．秘书、礼仪公关。 C．教师、经纪人。 D．儿童服饰店或花店老板。 E．服饰设计师、美容师	

续表

题号	问题	选项	你的选择
测试结果及说明： 选择A的多属于自然型，适合的职业是：传播媒体、广告代理商、自由职业。 选择B的多属于优雅型，适合的职业是：秘书、服务业。 选择C的多属于高尚型，适合的职业是：教师、播音员、翻译。 选择D的多属于浪漫型，适合的职业是：模特儿、幼儿园教师、钢琴教师。 选择E的多属于戏剧型，适合的职业是：设计家、艺术家			

基于测试结果，你对自己的职业形象设计有哪些想法？

项目二　模拟面试我来答

实践目的

帮助同学们了解面试常见问题。

理论依据

《大学生就业指导》：第三章　掌握求职礼仪　塑造职业形象

实践形式

问答。

实践要求

请同学们先设定一个目标企业和意向岗位，然后依次通过填表来回答面试官的问题，再进行脱稿模拟面试。

目标企业及岗位意向：		
题号	问题	我的答案
1	请做一个自我介绍?	
2	你为什么要选择这个行业?	
3	你为什么选择我们公司?	
4	你为什么选择这个岗位（专业）?	
5	你主要的优点和缺点是什么?	
6	你未来的规划和打算是什么?	
7	你的兴趣和爱好是什么?（性格）	

续表

目标企业及岗位意向：		
题号	问题	我的答案
8	你理想的工作是什么？	
9	你对薪水有什么要求？	
10	你对加班和出差有什么看法？	
11	你是独生子女吗？	
12	家在哪里？	
13	你在什么情况下会跳槽？	
14	你有什么问题和想法吗？	
15	你有什么工作经验吗？	
16	你的学习成绩怎样？	
17	你善于人际交往吗？	
18	你是一个有耐心的人吗？	
19	你对这份工作的工作职责是否了解？	
20	你业余时间都是如何休闲的？	
21	给我介绍一本你比较喜欢的书可以吗？	
22	你每个月的花销是多少，主要用于哪些支出？	

项目三　我的求职简历

实践目的

通过求职简历的撰写，加强同学们对求职简历的认知，提升同学们对简历设计的美观性、实用性和精炼性的认知，提高同学们的简历撰写能力。

理论依据

《大学生就业指导》：第三章　掌握求职礼仪　塑造职业形象

实践形式

撰写简历。

实践要求

请结合自己的求职企业和意向岗位，尝试勾画设计并撰写求职简历，并以企业人力资源经理的角度进行简历的自评和互评。

我的求职简历

学号： 本次课堂成绩（教师填写）：

拓展资料

推荐阅读：

[1] 国家职业分类大典修订工作委员会．中华人民共和国职业分类大典[M]．北京：中国劳动社会保障出版社，2015．

[2] 木子．超实用的职场礼仪书[M]．北京：中国纺织出版社，2018．

[3] 许琼林．职业素养[M]．北京：清华大学出版社，2016．

第四篇

中国优秀传统文化

第一单元

文化的魅力　中国优秀传统思想与文学

喜怒哀乐之未发，谓之中，发而皆中节，谓之和。致中和，天地位焉，万物育焉。

——《中庸》

不患寡而患不均，不患贫而患不安。盖均无贫，和无寡，安无倾。夫如是，故远人不服，则修文德以来之。既来之，则安之。

——《论语》

项目一　做自信的中国人

实践目的

正确认识和对待中国优秀传统文化。增强文化自信和民族自豪感，提高学习中国优秀传统文化的主动性，做中国优秀传统文化的发扬者、继承者和传承者。

理论依据

第一章　第三节　中国优秀传统文化的世界地位

实践形式

演讲。

实践要求

1. 演讲时间：3 ~ 5分钟。
2. 形式要求：脱稿演讲。
3. 语言表达准确、流畅、自然，符合演讲的语言习惯和特点。
4. 内容紧扣主题，积极向上。
5. 内容提示：结合课程所学内容，具体可包括以下三部分：

（1）明确中国优秀传统文化哪些方面让你更自信（结合本章节内容）。

（2）如何更好地做中国优秀传统文化的发扬者、继承者和传承者。

（3）在实现中国梦中，中国青年应怎样做一个自信的中国人。

实践流程

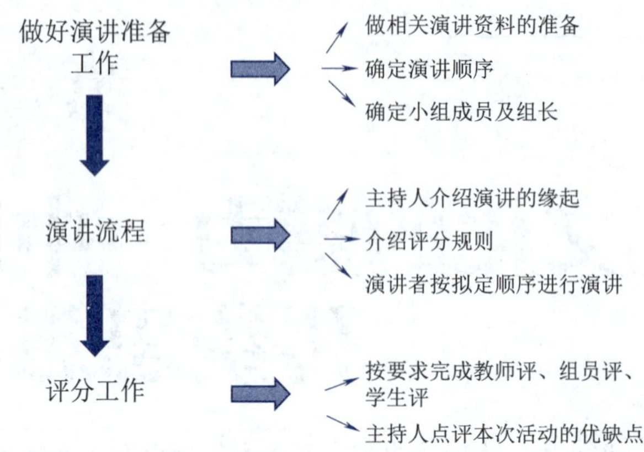

【小贴士】

演讲技巧

1. 演讲的姿势

演讲的姿势是成败的关键。要让身体放松，不能过度紧张。决窍之一是张开双脚与肩同宽，挺稳整个身躯；决窍之二是想办法扩散并缓节紧张情绪。例如，将一只手稍微插入口袋中，或者手触桌边，或者手握麦克风等等。

2. 演讲的视线

在大众面前说话必须忍受众目睽睽的注视，来自听众的视线有时甚至会让你觉得紧张。克服这股压力的秘决，就是一面进行演讲，一面从听众当中找寻对自己投以善意且温柔眼光的人，并且无视那些冷淡的眼光。此外，把自己的视线投向和善的人群，对巩固自己信心帮助很大。

3. 演讲时的面部表情

（1）演讲时的面部表情会给听众留下极其深刻的印象。紧张、喜悦、焦虑等情绪会毫无保留地表露在脸上，这是很难由本人的意愿来控制的。如果表情缺乏自信，演讲的内容即使再精彩，也会失去应有的风采。

（2）演讲不能低头，人一旦“低头”就会显得没有自信，倘若视线不能与听众接触，就难以吸引听众的注意。采取“缓慢讲话”的方式会使情绪稳定，脸部表情也会得以放松，全身上下也能泰然自若起来。

4. 演讲时的服饰和发型

服装也会给听众留下深刻印象。灰色或蓝色服饰，会给人留刻板无趣的印象。在轻松的场合，不妨穿着稍微花哨一点的服装来演讲。不过如果是正式的场合，一般来说仍以深色西服为主。其次，发型也可以带来意想不到的效果。总之，整体形象对演讲本身也会起到推波助澜的功效。

5. 演讲的声音和腔调

（1）演讲的语言必须做到发音准确、清晰，词句流利，语调贴切、自然、动情。

（2）为了营造沉着的气氛，讲话稍微慢点是很重要的。科学的发音取决于科学的运气，气息是声音的原动力，科学地运用运气发音方法可以使声音更加甜美、清亮、持久、有力。要达到这个目的，平时要加强训练，掌握胸腹联合呼吸法。其要领是：双目平视、全身放松，无论是站姿还是坐姿，胸部都要稍向前倾，腹部自然内收。吸气方法是：扩展两肋，向上向外提起，感到腰带渐紧，后腰有撑开感。呼气方法是：控制两肋，使腹部有一种压力，将气均匀地往外吐，呼气时用嘴，做到巧妙协调。

成果展示

<table>
<tr><td colspan="2">实践项目</td><td colspan="4">演讲：弘扬传统文化　增强文化自信</td></tr>
<tr><td colspan="2">演讲主题</td><td colspan="4">做自信的中国人</td></tr>
<tr><td>姓名</td><td></td><td>班级</td><td></td><td>学号</td><td></td></tr>
<tr><td colspan="6">演讲稿</td></tr>
</table>

活动评价

评比内容	分值	具体要求	得分			
			教师评价	小组组评	学生评价	合计
演讲内容	55分	主题鲜明，观点正确，思想性强。 格调积极，语言流畅，富有真情实感。 论证充分，逻辑严谨，说服力强。 形式丰富，创新性强，辅助效果明显				
演讲艺术	20分	吐字清晰，声音洪亮，语速适当，表达流畅。 语气、语调、声音、节奏富于变化，注意轻重缓急、抑扬顿挫，切合演讲内容。 形体语言自然得当，能准确地配合演讲内容				
演讲气质	20分	仪表端庄，举止得体，感情充沛，体现朝气蓬勃的精神风貌				
时间掌控	5分	演讲时间控制在3～5分钟				
总分	100分					

自我反思

在活动参与过程中，你有什么收获和体会呢？还有什么不足之处需要整改？把你的想法记录下来。

项目二　诵读儒家经典

实践目的

通过诵读的形式加深对中国传统哲学思想的认识，吸取中国传统文化精髓。把握儒家思想的特点及对后世的影响，能够运用中国优秀传统文化中蕴含的哲学思想指导自己的行为、学习、工作、生活。

理论依据

第二章　第一节　儒家思想：仁道迩远　大爱无疆

实践形式

诵读。

实践要求

1. 演讲时间：2～4分钟。
2. 形式要求：背诵。
3. 仪态自然大方，语气顺畅，停顿合理，节奏恰当。
4. 诵读内容可选择:《大学》《中庸》《论语》《孟子》《周易》《尚书》《诗经》《礼记》《左传》中的一篇。
5. 将所选篇目摘抄到任务单相应位置。
6. 深刻分析文学作品所体现的道德情操与人文精神，并做翻译。
7. 网络查找作者生平轶事，深刻感悟儒家经典哲学思想。

实践流程

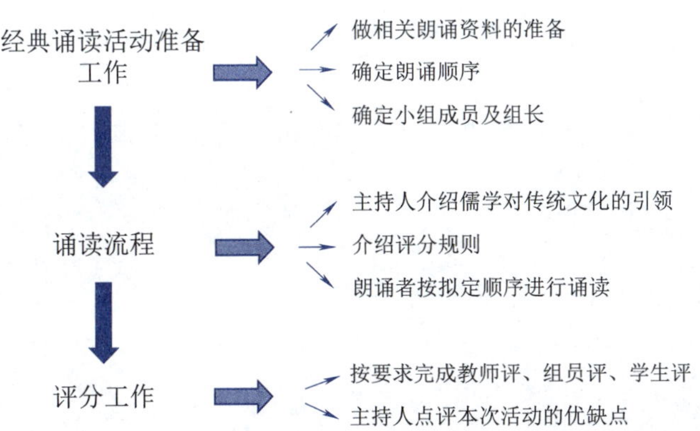

成果展示

<table>
<tr><td colspan="2">实践项目</td><td colspan="4">诵读儒家经典</td></tr>
<tr><td colspan="2">诵读题目</td><td colspan="4"></td></tr>
<tr><td>姓名</td><td></td><td>班级</td><td></td><td>学号</td><td></td></tr>
<tr><td>作者简介</td><td colspan="5"></td></tr>
<tr><td>写作背景</td><td colspan="5"></td></tr>
<tr><td>儒家经典篇目抄写</td><td colspan="5"></td></tr>
</table>

活动评价

评比内容	分值	具体要求	得分			
			教师评价	小组组评	学生评价	合计
朗诵语言表达	55分	普通话标准，吐字清楚、准确。语言生动，语气、语调、声音、节奏富于变化；轻重缓急、抑扬顿挫，切合朗读的内容。 能准确、恰当地表情达意，舒心悦耳，娓娓动听				
态势神情	20分	姿态、动作、手势、表情、眼神能准确、鲜明、自然、形象地表达朗读内容和思想感情，渲染气氛，增强表达效果				
仪表形象	20分	仪表端庄，举止得体，感情充沛，体现朝气蓬勃的精神风貌。				
时间掌控	5分	演讲时间控制在2～4分钟				
总分	100分					

自我反思

在活动参与过程中，你有什么收获和体会呢？还有什么不足之处需要整改？把你的想法记录下来。

项目三　弘扬传统美德——讲传统故事

实践目的

通过讲述中华传统美德故事，进一步深入学习中华优秀传统文化，弘扬中华民族的传统美德。用模范人物的事迹感动学生，引导学生从我做起，用行动关爱社会、关爱校园、关爱他人。增强社会正义感和振兴民族的责任感，培养良好的思想道德品质，不断提高品德教育的针对性、实效性和感召力。

理论依据

第三章　第一节　修身养德

实践形式

演讲。

实践要求

1．演讲时间：3 ~ 5分钟。

2．形式要求：脱稿演讲。

3．语言表达准确、流畅、自然。

4．内容紧扣主题，积极向上。

5．故事内容围绕仁爱孝悌、谦和好礼、诚信知报、精忠报国、克己奉公、修己慎独、见利思义、勤俭廉政、笃实宽厚以及勇毅力行。

实践流程

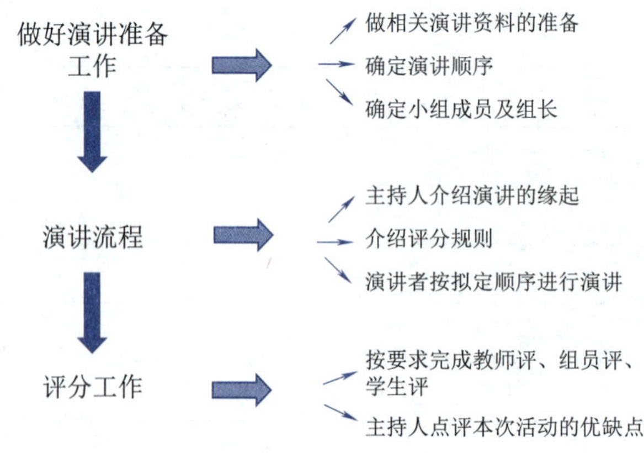

成果展示

实践项目		弘扬传统美德——讲传统故事			
姓名		班级		学号	

传统故事题目

活动评价

评比内容	分值	具体要求	得分			
			教师评价	小组组评	学生评价	合计
演讲内容	55分	主题鲜明，观点正确，思想性强。 格调积极，语言流畅，富有真情实感。 论证充分，逻辑严谨，说服力强。 形式丰富，创新性强，辅助效果明显				
演讲艺术	20分	吐字清晰，声音洪亮，语速适当，表达流畅。 语气、语调、声音、节奏富于变化，注意轻重缓急、抑扬顿挫，切合演讲内容。 形体语言自然得当，能准确地配合演讲内容				
演讲气质	20分	仪表端庄，举止得体，感情充沛，体现朝气蓬勃的精神风貌				
时间掌控	5分	演讲时间控制在3～5分钟				
总分	100分					

自我反思

在活动参与过程中，你有什么收获和体会呢？还有什么不足之处需要整改？把你的想法记录下来。

项目四　扬传统　树美德　获新知

实践目的

了解中国古典文学的发展历程及其特点，深刻领悟中国诗词歌赋所体现的人文精神、道德情操与艺术魅力，用文学作品中的人文精神提高个人素养。

理论依据

第八章　第二节　绚丽多彩的诗歌

实践形式

撰写读后感。

实践要求

1. 写作形式：读后感。
2. 语言表达准确、流畅、自然，字数不少于500字。
3. 内容紧扣主题，积极向上。
4. 撰写读后感可以围绕以下几个思想出发点。

（1）兼济天下：爱国亲民的价值取向。

（2）独善其身：气节修养的人格表露。

（3）关心社稷、忧国忧民的社会责任感。

（4）同情人民疾苦的思想情操。

（5）热爱和平、反对不义战争的善良品质。

（6）尊师重教、尊老爱幼的高尚品德。

5. 参考资料：《离骚》先秦 屈原；《满江红》宋 岳飞；《精卫》清 顾炎武；《荔枝叹》宋 苏轼；《古从军行》唐 李颀；《龟虽寿》东汉末年 曹操；《食糟民》宋 欧阳修；《游子吟》唐 孟郊。

实践流程

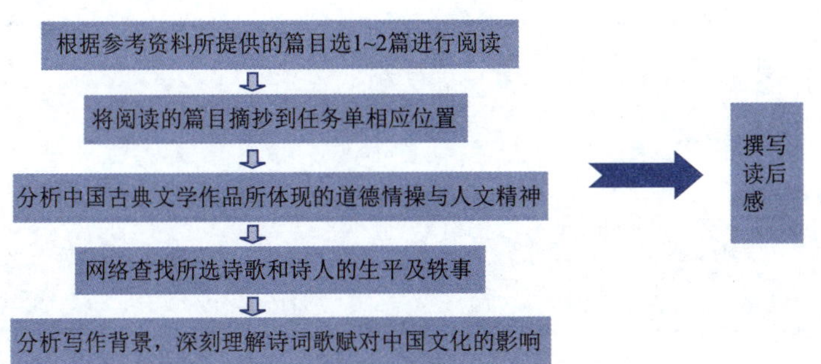

成果展示

实践项目		扬传统　树美德　获新知——撰写读后感			
姓名		班级		学号	
阅读主题					
阅读篇目					
作者简介					
诗词写作背景					
诗词抄写					
读后感					

活动评价

评比内容	分值	具体要求	得分			
			教师评价	小组组评	学生评价	合计
写作内容	55分	主题鲜明，观点正确，格调积极。论证充分，逻辑严谨，说服力强。观点鲜明，思想性强				
语言文字	20分	表义精确，解释单一；文字精练，言简意赅 语言规范，语句规整；褒贬恰当，爱憎分明				
字迹工整	20分	字体端正，行距适中，字迹浓淡适中，少涂改				
文章字数	5分	500～1 500字				
总分	100分					

自我反思

通过本章的学习，如何看待中国古典文学的特点，通过阅读这些经典名著及诗词歌赋，你对当代一些人提出的“读书无用论”怎么想，请谈一谈你的看法。

拓展资料

推荐阅读：

[1]李润英，陈焕良. 山海经：图文珍藏本[M]. 长沙：岳麓书社，2006.
[2]司马光. 资治通鉴[M]. 北京：中华书局，2011.
[3]杨伯峻. 论语：中国古典名著译注书[M]. 北京：中华书局，2009.
[4]梁漱溟. 东西文化及其哲学[M]. 上海：上海人民出版社，2006.
[5]钱逊. 论语初级读本[M]. 北京：商务印书馆，2007.
[6]胡振宇. 人文初构：图说夏商[M]. 北京：商务印书馆，2016.

精品资料：

视频：张维为《这就是中国——谈谈文化自信》。

第二单元

惊世的匠心　中国传统艺术

仓颉为帝，南巡狩，发阳虚之山，临于元扈洛之水，灵龟负书，丹甲青文，以授之。

——《河图·玉版》

上古之世，人民少而禽兽众，人民不胜禽兽虫蛇，有圣人作，构木为巢，以避群害。

——《韩非子·五蠹》

食饪而蚀，鱼馁而肉败，不食。色恶，不食。臭恶，不食。失饪，不食。不时，不食。割不正，不食。不得其酱，不食。沽酒市脯，不食。

——《论语》

项目一　纵横书法　笔墨书香

实践目的

通过临摹名家的字帖，让学生领悟中国书法的独特魅力，感受中华民族源远流长的文明史。中国书法是我国几千来灿烂文化的结晶与瑰宝，是我们民族独有的艺术，值得我们继承和发扬。方方正正的汉字凝聚着中华民族的聪明才智，承载着中华民族的文化和文明史，蕴含着中华民族的美好追求和气节，是世界文化的重要组成部分。写好汉字是对中华文化的一种继承和理解，练字过程是磨练意志、提高修养和增加美感的大好机会。

理论依据

第四章　笔墨的意境：书法与绘画艺术

实践形式

临摹名家字帖。

实践要求

1．书法篇幅在200字左右，任选自己喜欢的四大楷书书法家欧阳询(欧体)、颜真卿(颜体)、柳公权(柳体)、赵孟頫(赵体之一）的作品。

2．纸张样式为田字格或米字格。

3．临摹内容可以是名家字帖内容，也可是自己撰写的古诗文。

实践流程

【小贴士】

临摹的步骤

第一步：摹贴

在摹帖的过程中，一定要动脑筋，找出一些书写的规律，切不可“依样画葫芦”，只作机械的重复。否则，只能做到“熟练”二字，一旦离开了字帖，则眼前一片空白，茫茫然不知道从何处下笔。

摹帖时，要注意按照原帖的笔顺次序写，这样才能重复书写原帖者的运笔动作，从运笔动作中寻找出书写的规律和方法来。如果笔顺写错了，笔势也就错了，便把握不住书写者的脉搏。

第二步：对临

将字帖放在一边，按照帖上的字一一写在另外准备的纸上，这叫“对临”。对临一定要忠实于原帖，切勿随心所欲地胡乱书写。在初学阶段，临得越像越好，如能达到“乱真”的程度，令人难以辨别真假则更好。

第三步：背临

临帖的第二个阶段是“背临”。背临就是在背着字帖或不看字帖的情况下临摹字帖。背临要以对临为基础，在没有经过对临或者虽经过对临但功夫甚浅的情况下，是不能背临的。

第四步：创临

“创临”是带着创造的意识去临帖，这是临摹碑帖的最高阶段。

创临不必全部似原帖。要在临帖过程中有所取舍，根据自己的愿望取其需要的部分，去掉不需要的部分，或者另加别的字帖的某些笔意和处理方法，形成基于原帖又区别于原帖的一种新的面貌。

成果展示

实践项目	书法展示		
题目	纵横书法　笔墨书香		
班级		姓名	

书法展示稿

活动评价

评比内容	分值	具体要求	得分			
			教师评价	小组评价	学生评价	合计
作品内容	70分	书写规范，笔画清晰到位。字体结构合理，笔画流畅，分布均匀。章法自然，整体感舒适，字形大小适中				
作品质量	30分	纸张整洁，美观、无涂改。书写内容完整				
总分	100分					

自我反思

在活动参与过程中，你有什么收获和体会呢？还有什么不足之处需要整改？把你的想法记录下来。

项目二 梦中的亭台楼阁

实践目的

通过演讲的形式，使学生对传统建筑艺术产生向往，了解传统建筑艺术的魅力，从而热爱生活、热爱艺术，培养欣赏建筑艺术的审美能力，增强学生的民族自豪感和爱国热情。

理论依据

第五章 惊世的匠心：中国传统建筑艺术

实践形式

演讲。

实践要求

1. 演讲时间：3～5分钟。
2. 形式要求：脱稿演讲。
3. 语言表达准确、流畅、自然，符合演讲的语言习惯和特点。
4. 内容紧扣主题，积极向上。
5. 内容提示：结合课程所学内容，围绕六大建筑流派之一的某建筑流派风格展开，具体包括以下三部分。

（1）选择自己喜欢的一派建筑风格。

（2）讲清楚这一流派的发展过程和特点。

（3）列举这一流派的著名建筑和网红打卡点。

实践流程

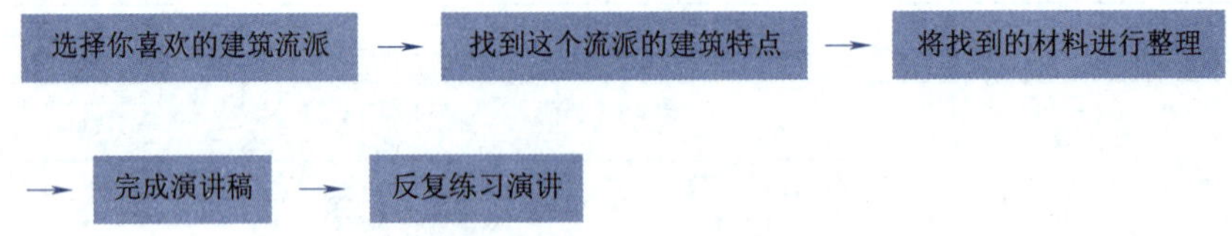

成果展示

实践项目	讲述最喜欢的一种建筑流派		
题目	梦中的亭台楼阁		
班级		姓名	

梦中的亭台楼阁

活动评价

评比内容	分值	具体要求	得分			
			教师评价	小组评价	学生评价	合计
演讲内容	55分	主题鲜明，观点正确，思想性强。 格调积极，语言流畅，富有真情实感。 论证充分，逻辑严谨，说服力强。 形式丰富，创新性强，辅助效果明显				
演讲艺术	20分	吐字清晰，声音洪亮，语速适当，表达流畅。 语气、语调、声音、节奏富于变化，注意轻重缓急、抑扬顿挫，切合演讲内容。 形体语言自然得当，能准确地配合演讲内容				
演讲气质	20分	仪表端庄，举止得体，感情充沛，体现朝气蓬勃的精神风貌				
时间掌控	5分	演讲时间控制在3～5分钟				
总分	100分					

自我反思

在活动参与过程中，你有什么收获和体会呢？还有什么不足之处需要整改？把你的想法记录下来。

项目三　传承优秀饮食文化与艺术

实践目的

让学生通过PPT，展示一种菜系的起源、发展、制作艺术及消费过程。通过这些形成基本的观念、习俗、礼仪、规范。使学生增长知识、扩大视野，了解中国悠久的饮食历史、民俗和饮食中蕴含的哲学、审美、养生等内容，掌握中国优秀饮食文化的特点，接受中国优秀饮食文化的熏陶，并主动传承中国优秀饮食文化。

理论依据

第六章　舌尖意蕴　中华饮食文化

实践形式

制作并讲解介绍隶属于八大菜系之一的某菜系的PPT

实践要求

1. 演讲时间：5～8分钟。
2. 形式要求：脱稿讲解。
3. 语言表达准确、流畅、自然，内容与PPT准确契合。
4. PPT内容简练，少用文字，多用图片。
5. PPT内容提示：结合课程所学内容，围绕自己选定的菜系进行如下几个方面的讲解。

（1）菜系的发展历史、起源，药食同源的功能等。

（2）菜系的主要特色、材料的选择、烹饪技巧、主要菜品介绍。

（3）目前大家熟知的该菜系的小吃、网红打卡店等。

实践流程

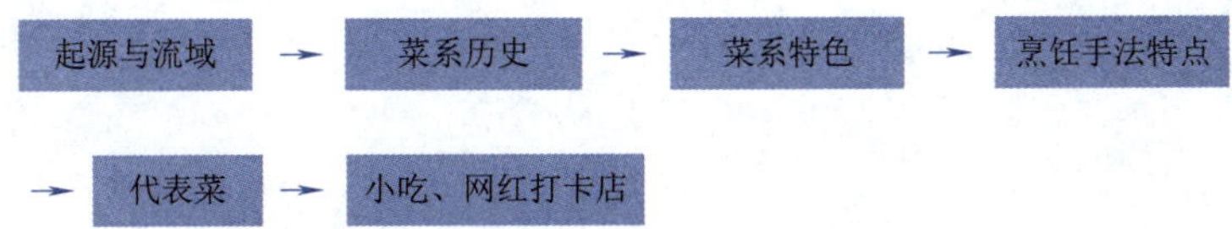

【小贴士】

PPT制作要求

1. 主题明确，层次分明，内容具体。

2. PPT 的整体设计风格统一，画面美观大方。

3. 背景不适合使用颜色复杂的图片，以纯色为宜，字体颜色应和背景色明显区分，识别度高，建议整个 PPT 使用的颜色不超过 4 种，且应避免使用刺眼的红色、蓝色等明亮色。

4. 页面的排版要遵循分散和集中的原则，主次分明。

5. 同一个页面尽量避免大量的文字性描述，如确实需要，建议分几个页面排版。

6. 字体尽量避免使用宋体，多使用黑体或其他易于识别的字体，字号尽量在 28 以上。

7. 适当添加一些动画和插图。

8. 要有目录和索引。

9. PPT 的最大原则是简洁、直观、明了，能用图讲解的就少用文字，能简洁的就尽量避免重复啰嗦。

10. 多用原创元素（包括图片、动画等），作品内不得引用有版权争议的图片、文章或其他媒体。

11. 文字在 PPT 里是作为辅助元素出现的。除此之外，文字不宜过多，最多不能超过 8 行，一般占据空间的左上角，作为图片的说明；如果是要用图片说明文字，则要求在图片左边或右边约三分之一大小的空间，图片中间及另一边约三分之二大小的空间放置文字。

12. 文字在排版中，应注意原有格式的应用。如果没有要求使用原有格式，那么在进行排版时，应在标题栏的“项目符号和编号”中选取合适的格式进行排版。

成果展示

实践项目	PPT展示——最喜欢的一个饮食流派		
题目	舌尖上的中国		
班级		姓名	

PPT讲稿

活动评价

评比内容	分值	具体要求	得分			
			教师评价	小组评价	学生评价	合计
PPT内容	55分	主题鲜明，内容完整。PPT内容能清晰、准确的表达所要阐述的内容；文字精炼，图文并茂，布局合理。 PPT整体风格统一，协调。 作品所采用的文字、图像、动画、音视频等素材清晰，能准确表达内容并形式新颖				
讲解	20分	吐字清晰，声音洪亮，语速适当，表达流畅。 语气、语调、声音、节奏富于变化，注意轻重缓急、抑扬顿挫，切合PPT内容。 形体语言自然得当，能准确地配合演讲内容				
讲解气质	20分	仪表端庄，举止得体，感情充沛，体现朝气蓬勃的精神风貌				
时间掌控	5分	讲解时间控制在5～8分钟				
总分	100分					

自我反思

在活动参与过程中，你有什么收获和体会呢？还有什么不足之处需要整改？把你的想法记录下来。

项目四　礼乐中华　盛世霓裳

实践目的

通过展示中国传统服饰，带动学生对中国传统服饰的兴趣，让学生感受中国传统服饰的魅力，增强学生们的民族自豪感，传承和发展泱泱华夏之礼仪文明。

理论依据

第九章　绚丽的衣裳：传统服饰、习俗

实践形式

展示中国传统服饰。

实践要求

1. 正确穿戴任何一款传统服饰。
2. 能将所穿戴的服饰各组成部分名称、穿戴讲清楚。
3. 将所选择的服饰的历史背景阐述清楚。
4. 根据所选择的服饰，朗诵一首诗歌和一段乐曲。

实践流程

选择一款你喜欢的传统服饰 → 找到这款服饰的相关资料 → 研究这款服饰正确穿法 → 研究这款服饰的历史背景及名人典故 → 找到一首相关朝代的诗词歌赋

【小贴士】

汉服的穿着注意事项

1. 穿汉服一定要谨记“左领右衽”。交领是指衣服的领口相互交叉，右衽是将左边衣服的领子覆盖在右边的领子上面，合乎礼法的穿着方法是交领右衽，古人都是以右为尊，交领左衽是对人极大的不尊敬。

2. 注意汉服的搭配。穿汉服时就要有相搭配的鞋子和相搭配的发型，颜色也要搭配好，这是出于对汉服穿着礼仪的重视。

3. 穿汉服时的坐姿和站姿。站姿分两种，有经立和肃立。经立身姿要正，两眼目视前方，两手相合掩在袖子里，放在丹田和胸口之间；肃立在经立的基础上，腰身微微弓曲，低头示敬。坐姿也分两种，有正坐和端坐。正坐时臀部要坐在脚后跟上，脚背贴地，膝盖拢紧，手放在膝盖上，腰板挺直。端坐就是保证双腿不岔开，保持端正的姿态，臀部只坐凳子的三分之一。

成果展示

实践项目	汉服展示　史韵风采		
题目	礼乐中华　盛世霓裳		
班级		姓名	

礼乐中华　盛世霓裳——知识链接

活动评价

评比内容	分值	具体要求	得分			
			教师评价	小组评价	学生评价	合计
服装穿搭	50分	服饰穿着正确，颜色搭配合理。其他饰品、发型、鞋子的选择与服装相搭配。能够准确展示传统服饰的特色				
服装讲解	30分	1. 准确讲解服饰各个组成部分。 2. 准确讲解穿着的顺序要求等。 3. 准确讲解其他饰品的搭配原则。 4. 讲解与服饰有关的历史背景				
文学作品	20分	1. 选择的作品与服饰属于一个朝代，并能准确穿搭。 2. 展示作品准确，情感丰富，肢体动作和谐				
总分	100分					

自我反思

在活动参与过程中，你有什么收获和体会呢？还有什么不足之处需要整改？把你的想法记录下来。

拓展资料

推荐阅读：

[1]孙世圃．中国服饰史教程[M]．北京：中国纺织出版社，2008.

[2]上海市戏曲学校中国服饰史研究组．中国服饰五千年[M]．香港：商务印书馆香港分馆，1984.

[3]包铭新，李晓君，赵敏．中国服饰这棵树[M]．上海：上海书店出版社，2004.

[4]许慎．说文解字[M]．北京：中华书局，1963.

[5]裘锡圭．文字学概要[M]．北京：商务印书馆，1988.

[6]邹晓丽．基础汉子形义释源[M]．北京：中华书局，2007.

[7]王志强．自由飘洒话飞天：佛教艺术形象解析[J]．美术大观，2007(10).

[8]陈剑．飞天的美学意蕴[J]．艺术探索，2007，21(2).

[9]林少雄．口腹之道：中国饮食文化[M]．沈阳：沈阳出版社，1997.

[10]梅方．中国饮食文化[M]．呼和浩特：内蒙古人民出版社，1993.

[11]彭超林．各国食俗趣闻[M]．北京：中国食品出版社，1987.

精品资料：

视频：《故宫讲解》。

第五篇

实用礼仪

第一单元

礼仪认知与仪表形象

人无礼则不生，事无礼则不成，国无礼则不守。

——孔子

不学礼，无以立。

——孔子

爱人者，人恒爱之；敬人者，人恒敬之。

——孟子

项目一　文明礼仪　从我做起

实践目的

通过自我检测的形式，使学生对自我礼仪素养的高低有更清晰的认知，并以此促使学生们理解学习礼仪的重要性，主动践行现代礼仪行为规范。

理论依据

第一单元　礼仪认知

实践形式

问卷调查。

实践要求

1. 时间：5分钟内。
2. 形式要求：在教师开启的掌上农工问卷调查中作答。

实践流程

搜集材料 → 审视自我 → 进行检测 → 自我评价 → 自我反思

【小贴士】

大学生礼仪形象准则

礼仪作为人们应该遵守的基本行为准则，是道德素养的外在表现，也是对中华民族优良传统的传承和发扬。掌握和遵守基本的礼仪规范，对于提高大学生综合素质、树立良好的道德风尚将起到积极的促进作用。望广大同学按照本规范，自觉遵守执行。

一、仪表与着装礼仪

1. 大学生尚处于求学阶段，仪表和着装要保持朴素大方、干净整洁。

2. 男女学生发型因人而宜，但要得体，男学生忌染发、留长发和蓄胡须，女生忌浓装艳抹和留奇型怪发。

3. 学生不得穿拖鞋、背心、短裤出入公共场所。

4. 不佩戴与学生身份不符的首饰。

二、学习与生活礼仪

1. 学生应在课前五分钟内进入教室，关掉手机等通讯工具，做好上课准备，端坐恭候教师到来，上课铃响后要起立，以表示对教师的尊敬。进入教室上课，要注意衣冠整洁。

2. 学生如遇特殊情况，在老师开始上课后才进入教室，应特别注意举止文明：在教室门口应先止步，喊“报告”，如果教室门关闭，应先轻轻叩门，在得到教师允许后，才能进入教室；进到教室后，要向老师说明迟到原因，说话态度要诚恳，应在得到老师允许之后，方可入座；在走向座位时，速度要快，脚步要轻，不要影响他人，更不能有任何滑稽可笑的举止；在坐下之后，应立即将注意力集中起来，端坐静听老师讲课。总之，迟到学生要把由于自己迟到而对课堂秩序造成的影响减小到最低限度。

3. 要认真听课，保持课堂安静，不准在课堂上吃零食、聊天、玩弄手机或做其他与教学内容无关的活动。

4. 学生在课堂上要正确、礼貌地对待老师的提问，在起立回答问题时，站姿、表情要大方，不要故意做出滑稽的举止引人发笑。说话声音要清朗，不要过低，使老师同学听不清楚。对老师提的问题如回答不出来，应起立以抱歉的语调向老师实事求是地表明。别人回答老师的提问时，不应随便插话。如主动要求回答问题，须先举手，在得到老师允许后，方可站立回答问题。

5. 不得早退。有特殊情况，须经老师允许才能提前离开课堂。

6. 下课铃响后要起立，主动让老师先走，要文明有序地离开教室，不要拥挤。

成果展示

中国历来有礼仪之邦之称，礼仪是中华文化的精髓。人在社会化过程中，需要学习的东西很多，而社交礼仪教育是一个人在社会化过程中必不可少的重要内容，作为当代的大学生其礼仪的重要性更是不言而喻。

自我评价	评价指标
你遇到过因礼仪引起的尴尬吗？	A．有　B．偶尔有　C．从来没有
在日常生活中，你经常用到敬语吗？	A．经常用　B．偶尔用　C．从来不用
你觉得自己是一个礼仪得体的人吗？	A．是　B．不是　C．从来没注意过
你对礼仪知识的认识程度？	A．熟悉　B．一知半解　C．一无所知
你每天都会跟他人主动并亲切的打招呼么？	A．会　B．偶尔会　C．不会
你经常迟到么？	A．从不迟到　B．偶尔会　C．看心情
你的穿着符合大学生的身份么？	A．非常符合　B．偶尔另类　C．没有考虑过是否符合，想穿什么就穿什么
你的行为举止非常得体、文雅、端庄吗？	A．是的　B．一般　C．经常有不文明动作
你给自己的礼仪形象整体评价是	A．优秀　B．良好　C．合格　D．差
你愿意深入学习礼仪知识并实践吗？	A．愿意　B．不愿意　C．无所谓
你知道与人交往时需要注意哪些礼仪规范吗？	A．知道　B．一知半解　C．不知道
你知道微笑时需要注意哪些礼仪规范吗？	A．知道　B．一知半解　C．不知道
你觉得礼仪对就业有影响吗？	A．有　B．没有
你给自己的卫生习惯整体评价是	A．优秀　B．良好　C．合格　D．差
“礼仪”只是在特定时刻才需要注意的，在家、在熟人面前不需要讲究“礼仪”。	A．是　B．否

活动评价

结果	评价指标
选择A答案占70%及以上	你真棒，你的礼仪素养值非常高，请继续保持并学习，以成为更加优秀的自己！
选择B答案占70%及以上	恭喜你，达标了！但是还有很大的进步空间哦！我们一定要继续加强自身的礼仪素养！
选择C答案占70%及以上	很遗憾，你没有达标哦！请好好学习礼仪规范，努力改掉不好的行为习惯，加油！

自我反思

在活动参与过程中，你有什么收获和体会呢？还有什么不足之处需要整改？把你的想法记录下来。

项目二　打造完美仪容

实践目的

通过自我考核的形式，使学生对自我的仪容有所规范，并以此促使学生们理解仪容礼仪的重要性，明确在人际交往中要想给人以良好的第一印象，必须注重自己的仪容。

理论依据

第一单元　专题一　仪容礼仪

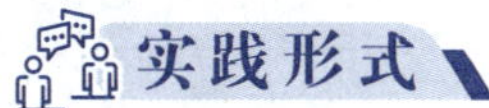

实践形式

问卷调查。

实践要求

1. 时间：5分钟内。
2. 形式要求：在教师开启的掌上农工问卷调查中作答。

实践流程

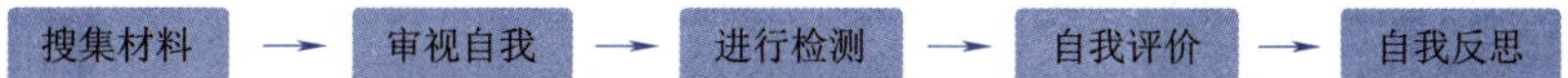

【小贴士】

大学生仪容规范

1. 男同学不得留长发，不得剃光头，不得染发、烫发，不理碎发，做到前不扫眉、旁不遮耳、后不过颈，不留怪发型。

2. 女同学要求剪运动短发或扎马尾辫，前额流海不过眉，不涂脂抹粉，不画眉毛，不画眼线，不抹口红，不涂指甲油，不得披头散发、烫发、染发，不理碎发，不梳怪发型。

3. 注意个人卫生。

成果展示

仪容美属于个人美的外在因素，是一个人内在美和外在美的和谐统一，反映着人的精神状态。

美好、端庄的仪容与人的精神境界融为一体，展现一个人的气质、风度与魅力。虽然不倡导以貌取人，但是人际间的初次交往，仪容是最引人注目的，因此作为当代大学生打造完美仪容至关重要。

考核项目	考核要求	是否做到
头发	干净整洁、不染发	A是　B否
	长短适宜	A是　B否
	发型大方	A是　B否
眼睛	清洁无异物	A是　B否
	无疾病	A是　B否
	如戴眼镜，则应保持镜片干净	A是　B否
耳朵	清洁无耳垢	A是　B否
	耳毛不外现	A是　B否
鼻子	清洁无涕	A是　B否
	鼻毛不外现	A是　B否
胡子	每日净面（非少数民族或特殊宗教信仰者不蓄胡须）	A是　B否
嘴部	干净无异物	A是　B否
	无异味	A是　B否
	牙齿整洁	A是　B否
脸部	清洁	A是　B否
脖子	清洁	A是　B否
手臂	清洁	A是　B否
	指甲定时修剪，不留长指甲，不涂彩色指甲油	A是　B否
	不露腋毛	A是　B否
腿部	清洁	A是　B否
	男士不外露腿部，女士应穿肉色长丝袜	A是　B否
妆容	淡妆上岗，修饰避人	A是　B否

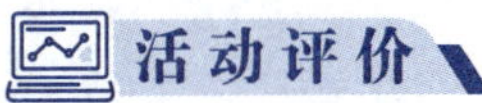

活动评价

结果	评价指标
选择A答案占70%及以上	你真棒，你的仪容打造能力非常高，请继续保持并学习，以成为更加优秀的自己！
选择A答案占50%及以上	恭喜你，达标了！但是还有很大的进步空间哦！我们一定要继续加强打造仪容啊！
选择B答案占70%及以上	很遗憾，你没有达标哦！请好好学习仪容规范，努力改掉不好的行为习惯，加油！

自我反思

在活动参与过程中，你有什么收获和体会呢？还有什么不足之处需要整改？把你的想法记录下来吧。

项目三　我的服装　我做主

实践目的

通过实践演练的方式，使学生充分掌握服饰礼仪在不同场合的运用，增强学生对服饰礼仪知识的认知，明确良好的着装对个人形象的重要性，提升学生的审美情趣。

理论依据

第一单元　专题二　服饰礼仪

实践形式

实践演练。

实践要求

1. 展示时间：每组展示3～5分钟。
2. 形式要求：请每组均派出四位同学分别准备以在校园学习、在办公室工作、出席酒会、约会为场景的四个场合的着装，上台展示并讲解。
3. 语言表达准确、流畅、自然，符合讲解的语言习惯和特点。
4. 展示内容紧扣主题，积极向上。

实践流程

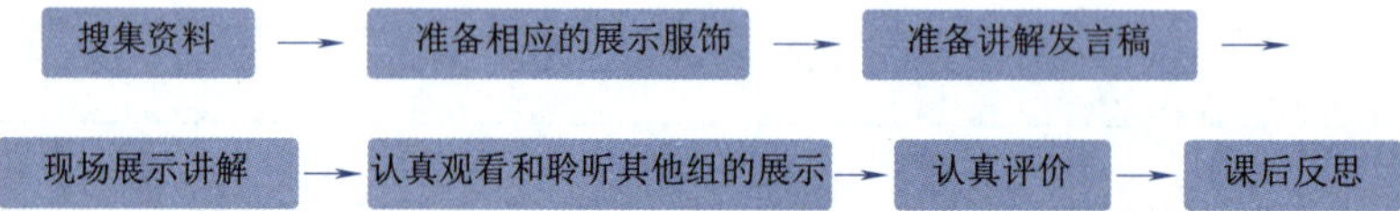

【小贴士】

服装展示规范

1. 树立信心、放松心态

告诉自己：我是最好的！把服装展示当做是在做一件为自己的理想奋斗的事，只要尽力就是最好的，这样就会树立起信心、放松心态，发挥出好的水平。

2. 调整状态

我们一定要有表演的激情。激情一经发，就会调动起身心的一切积极因素，并使其融入表演之中，使人获得心理上的解放和表演的自如感，这样的情绪能够感染对面的考官，带动起全场的热情。

3. 注意展示的时间长度和自备物品

注意对时间长度的把握。一般来讲，时间不要太长，时间以3~5分钟为宜。

4. 语言话术

语言精简，要用文明用语。

成果展示

<table>
<tr><td>项目</td><td colspan="2">照片展示</td></tr>
<tr><td>实践项目</td><td colspan="2">服饰造型展示</td></tr>
<tr><td>班级</td><td>姓名</td><td>学号</td></tr>
<tr><td colspan="3"></td></tr>
</table>

活动评价

评比内容	分值	具体要求	得分			
			教师评价	小组评价	学生评价	合计
校园着装	25分	1．符合校园着装礼仪规范 2．着装干净整洁 3．配饰等搭配全面、合理 4．讲解完整、合理、流畅				
办公室着装	25分	1．符合办公室着装礼仪规范 2．着装干净整洁 3．配饰等搭配全面、合理 4．讲解完整、合理、流畅				
酒会着装	25分	1．符合酒会着装礼仪规范 2．着装干净整洁 3．配饰等搭配全面、合理 4．讲解完整、合理、流畅				
约会着装	25分	1．符合约会着装礼仪规范 2．着装干净整洁 3．配饰等搭配全面、合理 4．讲解完整、合理、流畅				
总分	100分					

自我反思

在活动参与过程中，你有什么收获和体会呢？还有什么不足之处需要整改？把你的想法记录下来。

项目四　我的姿态　我做主

实践目的

通过小组集体展示的形式，规范自身的仪态举止，使学生明确社交活动中礼仪的基本规范，塑造个人良好形象，养成优雅行为举止，形成和谐人际关系。

理论依据

第一单元　专题三　仪态礼仪

实践形式

小组展示。

实践要求

1. 展示时间：2分钟左右。
2. 形式要求：将所学仪态进行集体展示。
3. 全员参与、队形整齐。
4. 动作规范、服装得体。
5. 良好的精神风貌。

实践流程

【小贴士】

姿态礼仪展示

1. 服饰礼仪

符合大学生着装规范，尽量做到统一和谐。

2. 精神状态

面带微笑，精神饱满。

3. 上下场

上下场有序。

4. 姿态

微笑、站姿、坐姿、蹲姿、手势礼仪、鞠躬礼等规范、得体、整齐

成果展示

项目	照片展示	
实践项目	姿态展示	
班级	姓名	学号

活动评价

评比内容	分值	具体要求	得分			
			教师评价	小组评价	学生评价	合计
展示内容	60分	内容完整。 动作标准到位				
精神风貌	20分	上下场有序。 面带微笑，体现朝气蓬勃的精神风貌				
服饰	15分	干净、整洁、得体，符合大学生身份				
时间掌控	5分	展示时间控制在2分钟左右				
总分	100分					

自我反思

在活动参与过程中，你有什么收获和体会呢？还有什么不足之处需要整改？把你的想法记录下来。

拓展资料

推荐阅读：

[1] 匡玉梅．现代交际学[M]．北京：中国旅游出版社，2003．

[2] 王石彤．礼仪大全[M]．呼和浩特：内蒙古人民出版社，2002．

[3] 金正昆．商务礼仪教程[M]．北京：中国人民大学出版社，2016．

精品资料：

视频：《金正昆——仪容仪表仪态》。

第二单元 会面礼仪

在人与人的交往中，礼仪越周到越保险。

——托·卡莱尔

君子不失足于人，不失色于人，不失口于人。

——《礼记》

生活中最重要的就是礼貌，它比最高的智慧，比一切学识都重要。

——赫尔岑

项目一　做介绍时的你

实践目的

通过小组集体展示的形式，规范见面礼中的介绍礼仪，使学生明确社交活动中介绍礼仪的基本规范，扩大社交范围，沟通情感，缩短人与人之间的距离，形成和谐的人际关系。

理论依据

第二单元　专题一　介绍礼仪

实践形式

小组展示。

实践要求

1. 展示时间：2分钟左右。
2. 形式要求：将所学的介绍礼仪编排特定情景进行集体展示。
3. 全员参与、队形整齐。
4. 动作规范、服装得体。
5. 良好的精神风貌。

实践流程

课下练习 → 课上展示 → 小组评价 → 教师点评 → 自我反思

【小贴士】

自我介绍的注意事项

良好的自我介绍能够给人留下很好地印象，从而使对方记住你。然而在自我介绍时一定要了解自我介绍的五个注意事项，包括讲究态度、时机、时间、方法和内容，才能从根本上给人留下一个深刻的印象。

一、讲究态度

态度一定要自然、友善、亲切、随和。应镇定自信、落落大方、彬彬有礼。既不能唯唯诺诺，又不能虚张声势,轻浮夸张。表示自己渴望认识对方的真诚情感。任何人都以被他人重视为荣幸，如果你态度热忱，对方也会热忱。语气要自然，语速要正常，语音要清晰。要记住在自我介绍时镇定自若，潇洒大方，有助给人以好感；相反，如果你流露出畏怯和紧张，结结巴巴，目光不定，面红耳赤，手忙脚乱，则会为他人所轻视，彼此间的沟通便有了阻隔。

二、注意时机

要抓住时机，在适当的场合进行自我介绍，对方有空闲，而且情绪较好，又有兴趣时，这样就不会打扰对方。

三、注意时间

自我介绍时还要简洁，言简意赅尽可能地节省时间，以半分钟左右为佳。不宜超过一分钟，而且愈短愈好。话说得多了，不仅显得罗嗦，而且交往对象也未必记得住。为了节省时间，作自我介绍时，还可利用名片、介绍信加以辅助。

四、注意方法

进行自我介绍，应先向对方点头致意，得到回应后再向对方介绍自己。如果有介绍人在场，自我介绍则被视为不礼貌的。应善于用眼神表达自己的友善，表达关心以及沟通的渴望。如果你想认识某人，最好预先获得一些有关他的资料或情况，诸如性格、特长及兴趣爱好。这样在自我介绍后，便很容易融洽交谈。在获得对方的姓名之后，不妨口头加重语气重复一次，因为每个人最乐意听到自己的名字。

五、注意内容

自我介绍的内容包括 3 项基本要素：本人的姓名、供职的单位以及具体部门、担任的职务和所从事的具体工作。这 3 项要素，在自我介绍时，应一气连续报出，这样既有助于给人以完整的印象，又可以节省时间，不说废话。要真实诚恳，实事求是，不可自吹自擂，夸大其辞。

成果展示

<table>
<tr><td>项目</td><td colspan="2">照片展示</td></tr>
<tr><td>实践项目</td><td colspan="2">自我介绍礼仪展示</td></tr>
<tr><td>班级</td><td>姓名</td><td>学号</td></tr>
<tr><td colspan="3"></td></tr>
</table>

活动评价

评比内容	分值	具体要求	得分		
			教师评价	小组评价	合计
展示内容	60分	内容完整。 介绍的语言规范。 介绍的顺序正确。 介绍的姿势规范			
精神风貌	20分	上下场有序。 面带微笑，体现朝气蓬勃的精神风貌			
服饰	15分	干净整洁、得体、符合大学生身份的着装			
时间掌控	5分	展示时间在2分钟左右			
总分	100分				

自我反思

在活动参与过程中，你有什么收获和体会呢？还有什么不足之处需要整改？把你的想法记录下来。

项目二　观看纪录片《跨越太平洋的握手》

实践目的

通过写纪录片观后感的形式，激发学生学习的浓厚兴趣和探究心理，使学生了解人际交往中要想达到理想的交际效果，就必须学会正确的握手礼仪。

理论依据

第二单元　专题二　握手礼仪

实践形式

写观后感。

实践要求

1．书写时长：8分钟左右。

2．书写篇幅：200字左右。

3．字迹工整，内容完整。

4．语言表达准确、流畅、自然。

5．内容紧扣主题，积极向上。

6．内容提示：结合课程所学内容，围绕握手礼仪这一中心话题展开。具体包括以下部分：

（1）掌握了握手礼仪的哪些知识，如握手的场合、标准姿势、次序、禁忌等。

（2）握手礼仪的重要性。

（3）自己以后会怎样做。

实践流程

【小贴士】

观后感写作技巧

1. 要反复观看原作

认真看纪录片片段，理解电影的思想内容。

只有看懂纪录片情节，了解电影的拍摄时间、目的、特点、内容，才能有所感，有所想。

2. 要紧扣纪录片来写

观后感是根据所看的纪录片，来谈自己的认识和感想的文章。写作时，要紧紧抓住所看纪录片的中心思想，发表感想，不能离开所看的纪录片谈感想。

3. 要抓住重点来写

一部作品，给人的教育是多方面的，但写作时，不能面面俱到，泛泛而论，而是要抓住感受最深的一点，深入思考，反复琢磨，把问题谈深谈透。

4. 要联系实际

写观后感必须联系实际，因此，要在观看的过程中，由此及彼地联系现实生活中的相似或相反的现象。联系实际要具体、恰当，要有针对性、说服力和感染力。

5. 要处理好“观”和“感”的关系

“观”是前提，“感”是重点，是关键。不能有“观”无“感”，不能照抄原台词，以代替感想。引用原台词要简洁概括，要根据“感”的需要来写，还要避免有“感”无“观”的现象。要联系“观”来发表“感”，二者的内容要巧妙、自然地组织起来，使读后感成为一个有机的整体。

6. 做到“引—议—联—结

（1）引——围绕感点，引述材料

简述原文有关内容。读后感重在“感”，而这个“感”是由特定的“读”生发的，“引”是“感”的落脚点，所谓“引”就是围绕感点，有的放矢的引用原文。

（2）议——分析材料，提练感点

亮明基本观点。在引出“观”的内容后，要对“观”进行一番评析。要选择感受最深的一点，用一个简洁的句子明确表述出来。这样的句子可称为“观点句”。这个观点句表述的，就是这篇文章的中心论点。“观点句”在文中的位置是可以灵活的，可以在篇首，也可以在篇末或篇中。初学写作的同学，最好采用开门见山的方法，把观点写在篇首。

（3）联——联系实际，纵横拓展

围绕基本观点摆事实讲道理。写观后感最忌的是就事论事和泛泛而谈。联，就是要紧密联系实际，既可以由此及彼地联系现实生活中相类似的现象，也可以由古及今联系现实生活中的相反的种种问题。既可以从大处着眼，也可以从小处入手。

（4）结——总结全文，升华感点

围绕基本观点联系实际。一篇好的观后感应当有时代气息，有真情实感。要做到这一点，必须善于联系实际。这“实际”可以是个人的思想、言行、经历，也可以是某种社会现象。联系实际时也应当注意紧紧围绕基本观点，为观点服务，而不能盲目联系，前后脱节。观后感始终要受“观”的约束，开头要引“观”，中间还要不时地回扣“观”的内容，结尾也要恰当回扣“观”的内容不放松。

成果展示

<table>
<tr><td colspan="3">观《跨越太平洋的握手》有感</td></tr>
<tr><td>项目</td><td colspan="2">写观后感</td></tr>
<tr><td>实践项目</td><td colspan="2">观《跨越太平洋的握手》有感</td></tr>
<tr><td>班级</td><td>姓名</td><td>学号</td></tr>
<tr><td colspan="3"></td></tr>
</table>

活动评价

评比内容	分值	具体要求	得分		
			教师评价	小组评价	合计
展示内容	70分	主题鲜明，观点正确，思想性强。 格调积极，语言流畅，富有真情实感。 论证充分，逻辑严谨，说服力强。 形式丰富，创新性强，辅助效果明显			
举止仪表	25分	字迹工整，段落清晰，字数达标			
时间掌控	5分	书写时间在8分钟左右			
总分	100分				

自我反思

在活动参与过程中，你有什么收获和体会呢？还有什么不足之处需要整改？把你的想法记录下来。

项目三　沟通无限

实践目的

通过实践演练的方式，使学生充分掌握沟通礼仪，增强学生对沟通知识的认知，明确有效沟通对人际交往的重要性，提升学生人际交往能力。

理论依据

第二单元　专题三　沟通礼仪

实践形式

实践演练。

实践要求

1. 互动时间：3～5分钟。

2. 形式要求：请每组均派出一名同学上台讲述自己要发的短信，全班同学接收短信并画到自己的本子上。

3. 展示内容紧扣主题，积极向上。

实践流程

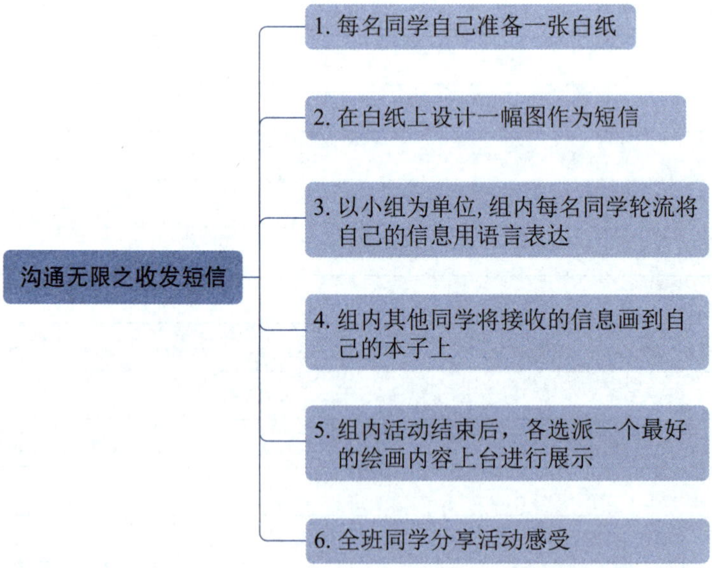

沟通无限之收发短信

1. 每名同学自己准备一张白纸
2. 在白纸上设计一幅图作为短信
3. 以小组为单位，组内每名同学轮流将自己的信息用语言表达
4. 组内其他同学将接收的信息画到自己的本子上
5. 组内活动结束后，各选派一个最好的绘画内容上台进行展示
6. 全班同学分享活动感受

【小贴士】

人际沟通小技巧

1. 尊重别人

俗话说:“种瓜得瓜，种豆得豆。”把这条朴素哲理运用到社会交往中就是你处处尊重别人，别人就处处尊重你，即尊重别人就是尊重你自己。

2. 真诚赞美

林肯说过:“每个人都喜欢赞美。”赞美之所以得其殊遇，一在于其“美”字，表明被赞美者有卓然不凡的地方；二在于其“赞”字，表明赞美者友好热情的待人态度。

人类行为学家约翰·杜威也说:“人类本质里最深远的驱策力就是希望具有重要性，希望被赞美。”因此，对于他人的成绩与进步，要肯定，要赞扬，要鼓励。当别人有值得褒奖之处，就应毫不吝啬地给予诚挚的赞许，以使人们的交往和谐而温馨。可以说，赞美是友谊的源泉，是一种理想的黏合剂，它不但会把老相识、老朋友团结得更加紧密，而且可以把互不相识的人连在一起。

3. 大度和宽容

人与人只要频繁接触，就难免出现磕磕碰碰的现象。在这种情况下，学会大度和宽容，就会赢得一个绿色的人际环境。“人非圣贤，孰能无过”，因此，不要对别人的过错耿耿于怀、念念不忘。生活的路，因为有了大度和宽容，才会越走越宽，而思想狭隘，则会把自己逼进死胡同。

4. 善于运用礼貌语言

礼貌是对他人尊重的情感的外露，是谈话双方心心相印的导线。人们对礼貌的感知十分敏锐。有位优秀的售票员，每次出车总是“请”字当先，“谢”字结尾。如：请哪位同志让个座，照顾一下这位抱婴儿的女同志。有人让座后，他便立即向让座者说：谢谢。再如：请出示月票；然后说:“谢谢，请您把月票收好。”这样，使整个车厢的乘客都感到温暖，气氛和谐，在他的感染下，无人吵架、抢坐。

5. 耐心倾听对方谈话

谈话时，应善于运用自己的姿态、表情、插语和感叹词。诸如：微微一笑，赞同的点头等，都会使谈话更加融洽。切忌出现左顾右盼、心不在焉，或不时地看手表、伸懒腰等动作或表情。

6. 重视对方的感受

如果谈话的对方，为某事特别忧愁、烦恼时，就应该首先以体谅的心情说:“我理解你的心情，要是我，我也会这样。”这样，就会使对方感到你对他的感受是重视的，才能形成一种信任的气氛，从而，使你的劝告也容易奏效。

7. 善于使自己等同于对方

人类具有相信“自己人”的倾向，一个有经验的谈话者，总是使自己的声调、音量、节奏与对方相称，就连坐的姿势也尽力给对方在心理上有相容之感。比如，并排坐着比相对而坐在心理上更具有共同感。直挺着腰坐着，要比斜着身子坐着显得对别人尊重。

8. 善于观察对方的眼睛

在非语言的交流行为中，眼睛起着重要作用，眼睛是心灵的窗户，眼睛最能表达思想感情，反映人们的心理变化。高兴时，眼睛炯炯有神；悲伤时，目光呆滞；注意时，目不转睛；吃惊时，目瞪口呆；男女相爱，目送秋波；强人作恶，目露凶光。

成果展示

项目	活动作品展示	
实践项目	沟通无限	
班级	姓名	学号

自我反思

在活动参与过程中，你有什么收获和体会呢？还有什么不足之处需要整改？把你的想法记录下来。

拓展资料

推荐阅读：

[1]惠亚爱．沟通礼仪[M]．北京：高等教育出版社，2010．
[2]高琳．人际沟通与礼仪[M]．北京：人民邮电出版社，2017．
[3]袁锦贵．职业礼仪[M]．北京：电子工业出版社，2013．
[4]匡玉梅．现代交际学[M]．北京：中国旅游出版社，2003．
[5]王石彤．礼仪大全[M]．呼和浩特：内蒙古人民出版社，2002．
[6]金正昆．商务礼仪教程[M]．北京：中国人民大学出版社，2016．

精品资料：

视频：《金正昆——沟通技巧》。
视频：《金正昆——介绍礼仪》。

第三单元

餐桌礼仪

对饮食，勿拣择，食适可，勿过则；年方少，勿饮酒，饮酒醉，最为丑。

——《弟子规》

长者立，幼勿坐；长者坐，命乃坐。

——《弟子规》

项目一　看电影　学礼仪

实践目的

通过写电影观后感的形式，激发学生学习的浓厚兴趣和探究心理，使学生明理知礼，提高审美情趣以及个人素养。

理论依据

第三单元　餐饮礼仪

实践形式

写观后感。

实践要求

1. 书写时间：15分钟左右。
2. 书写篇幅：350～500字之间。
3. 字迹工整，内容完整。
4. 语言表达准确、流畅、自然。
5. 内容紧扣主题，积极向上。
6. 内容提示：结合课程所学内容，围绕餐饮礼仪这一中心话题展开。具体包括以下三部分：

（1）掌握了哪些餐饮礼仪；

（2）餐饮礼仪的重要性；

（3）以后该怎样做。

实践流程

观看相应素材 → 思考撰写主题 → 抒写观后感 → 教师点评 → 自我反思

成果展示

观《唐顿庄园》有感		
项目	观后感	
实践项目	观《唐顿庄园》有感	
班级	姓名	学号

活动评价

评比内容	分值	具体要求	得分		
			教师评价	小组评价	合计
书写内容	70分	主题鲜明，观点正确，思想性强。 格调积极，语言流畅，富有真情实感。 论证充分，逻辑严谨，说服力强。 内容丰富，创新性强，辅助效果明显			
书写形式	25分	字迹工整，段落清晰，字数达标			
时间掌控	5分	书写时间在15分钟左右			
总分	100分				

自我反思

在活动参与过程中，你有什么收获和体会呢？还有什么不足之处需要整改？把你的想法记录下来。

项目二　品茗与酒礼

实践目的

通过实践演练的方式，使学生充分掌握茶酒礼仪在餐饮礼仪中的重要性。增强学生对茶酒知识的认知，明确良好的餐桌礼仪对个人社交礼仪的重要性，提升学生的审美情趣。

理论依据

第三单元　茶酒礼仪

实践形式

实践演练。

实践要求

1．展示时间：每组展示3～5分钟。

2．形式要求：请每组均派出四名同学分别准备饮茶礼仪与饮酒礼仪，上台展示并讲解。

3．语言表达准确、流畅、自然，符合讲解的语言习惯和特点。

4．展示内容紧扣主题，积极向上。

实践流程

课下准备 → 课上展示 → 小组评价 → 教师点评 → 自我反思

【小贴士】

茶酒礼仪展示小技巧

1．树立信心、放松心态

告诉自己：我是最好的！把茶酒礼仪展示当作是在做一件为自己的理想奋斗的事，只要尽力就是最好的，这样就会树立起信心、放松心态，发挥出好的水平。

2．注意展示的时间长度

注意对时间长度的把握。一般来说，时间不要太长，以3～5分钟为宜。

3．展示过程规范流畅

在展示过程中最好配以规范的讲解用语，以便达到最好的展示效果。

成果展示

<table>
<tr><td>项目</td><td colspan="2">照片展示</td></tr>
<tr><td>实践项目</td><td colspan="2">茶酒礼仪展示</td></tr>
<tr><td>班级</td><td>姓名</td><td>学号</td></tr>
<tr><td colspan="3"></td></tr>
</table>

活动评价

评比内容	分值	具体要求	得分		
			教师评价	小组评价	合计
展示内容	70分	仪容、仪态大方得体。 姿态优雅，在展示茶礼、酒礼的过程中，要举止端庄，彬彬有礼。 言谈得体，文明用语，适当讲解茶酒礼仪			
展示形式	25分	小组成员需要有个人展示和集体合作部分			
时间掌控	5分	时间控制在3～5分钟			
总分	100分				

自我反思

在活动参与过程中，你有什么收获和体会呢？还有什么不足之处需要整改？把你的想法记录下来。

拓展资料

推荐阅读：

[1]李惠中．跟我学礼仪[M]．北京：中国商业出版社，2002．
[2]王思忠．礼仪基础知识[M]．广州：华东理工大学出版社，2000．
[3]杨玉荣．国际商务礼仪[M]．北京：清华大学出版社，2012．

精品资料：

视频：《金正昆——酒水礼仪》。